PROJET

D'UN CHEMIN DE FER

DE PARIS A STRASBOURG

PAR LES VALLÉES DE L'OISE ET DE L'AISNE.

PARTIE COMPRISE

ENTRE CREIL ET NANCY.

Mémoire.

REIMS,

IMPRIMERIE DE REGNIER.

1844.

PROJET

D'UN CHEMIN DE FER

DE PARIS A STRASBOURG

PAR LES VALLÉES DE L'OISE ET DE L'AISNE.

PROJET
D'UN CHEMIN DE FER

DE

PARIS A STRASBOURG

PAR LES VALLÉES DE L'OISE ET DE L'AISNE.

PARTIE COMPRISE

entre

CREIL & NANCY.

MÉMOIRE.

Reims,

IMPRIMERIE DE REGNIER.

1844.

MINISTÈRE
DES TRAVAUX PUBLICS.

CHEMINS DE FER.

LIGNE
DE PARIS A STRASBOURG.
·❊·❂·❊·

MÉMOIRE

A L'APPUI DU PROJET D'UN CHEMIN DE FER

DE PARIS A STRASBOURG

par les vallées de l'OISE et de l'AISNE, entre CREIL et NANCY.

EXPOSÉ.

L'ADMINISTRATION ayant reconnu, dans le cours de l'année dernière, la nécessité de compléter les études du chemin de fer projeté, de Paris à Strasbourg, nous avons été chargés par décision du 15 août 1842, d'étudier un nouveau tracé passant par les vallées de l'Oise et de l'Aisne.

Cette ligne emprunte jusqu'à Creil le chemin de fer de Paris en Belgique, continue de se développer sur la rive droite de l'Oise jusqu'à Compiègne, franchit l'Oise au-dessus de cette ville, suit la rive gauche de l'Aisne, pénètre dans la vallée de la Vesle, passe successivement à Soissons, Braisne, Fismes, et parvient enfin à Reims au faubourg d'Epernay.

Jusque là point d'incertitude sur le choix du tracé.

Au-delà de Reims deux combinaisons principales se présentent. L'une consiste à se porter immédiatement dans la direction de Metz, en passant par Ste-Ménéhould, St-Mihiel, Vigneulles et Arnaville, pour se replier ensuite sur Pont-à-Mousson et Nancy, en suivant la rive gauche de la Moselle. L'autre consiste à se diriger de Reims sur Châlons, en franchissant vers le village de La Veuve le faîte qui sépare la Vesle de la Marne, et à reprendre, à partir de Châlons, le tracé latéral au canal de la Marne au Rhin.

Cette dernière solution augmente de 8 kilomètres le trajet de Reims à Nancy, et de 70 kilomètres celui de Reims à Metz. Elle laisse la ville de Metz à 48 kilomètres de la ligne principale. Enfin elle exige l'exécution de trois souterrains ayant ensemble 5,485 mètres de longueur, tandis que la direction par Ste-Ménéhould est tout entière à ciel ouvert. Nous ne pouvions pas hésiter à donner la préférence à celle-ci.

La ligne ainsi tracée a 339,849 mètres de longueur depuis Creil jusqu'à Nancy. Son point culminant près du village de Heippe, sur le faîte qui sépare les vallées de l'Aisne et de la Meuse, est à 277^m,22 au-dessus du niveau moyen de la mer, supposé à 26^m,35 en contre-bas du zéro de l'échelle du pont de la Tournelle à Paris. Les plus fortes pentes n'excédent pas 0^m,005 par mètre, et le rayon minimum des courbes est de 800 mètres.

Trois embranchements ayant respectivement 14, 6, et 17 kilomètres de longueur, se détachent successivement de la ligne principale pour atteindre les villes de Châlons, St-Mihiel et Metz.

Le Mémoire suivant, destiné à justifier les dispositions que nous avons adoptées, se divise en six chapitres.

Les deux premiers sont consacrés à la *Description du tracé de la ligne principale et de ses embranchements.*

Le troisième présente le *Résumé des principaux éléments du projet*, savoir : les longueurs des alignements et des courbes; les pentes et les rampes; les déblais et les remblais ayant plus de 6 mètres de hauteur; les ouvrages d'art; les gares de stationnement et les passages à niveau.

Le quatrième traite des *Principaux ouvrages d'art et des matériaux de construction.*

Le cinquième est relatif à l'*Evaluation des dépenses.*

Enfin dans le sixième, nous avons cherché à faire ressortir les *Avantages de la ligne proposée* en la comparant avec les directions rivales.

CHAPITRE Ier.

Description du tracé de la ligne principale.

Le tracé du chemin de fer de Paris en Belgique, après s'être brisé un peu au delà de la rencontre de la petite rivière du Thérain, arrive en ligne droite devant Creil par un alignement de 1711 mètres de longueur, et s'infléchit brusquement en cet endroit en passant pour remonter la vallée de la Brèche affluent de l'Oise, et se porter sur Clermont. Nous prolongeons cet alignement pour en former l'origine du chemin de Strasbourg. *Point de départ.*

La ligne de Belgique est établie sur la rive droite de l'Oise à partir de Pontoise, et nous la maintenons sur la même rive jusqu'à Compiègne, où elle franchit l'Oise pour s'engager dans la vallée de l'Aisne. C'est qu'en effet cette rive se prête beaucoup mieux que l'autre à l'établissement de la voie. En se plaçant sur la rive gauche on eut rencontré des difficultés pour le passage des villes de Pont-Ste-Maxence et Compiègne. Ces villes touchent à la rivière, en sorte qu'on ne pourrait y faire pénétrer le chemin de fer de ce côté sans un abattis considérable de maisons. Le chemin de fer apporterait d'ailleurs une grande perturbation dans les communications existantes. Enfin il est presque impossible de rejeter le tracé en arrière de ces villes, à raison ou de l'élévation du terrain ou des sujétions de toute espèce auxquelles il se trouverait soumis. Aucun de ces obstacles ne se présente sur la rive droite. *Vallée de l'Oise.*

L'alignement commun avec le chemin de la Belgique se prolonge de 1,446 mètres au-delà du point de séparation, et forme avec le précédent une ligne droite de 3,157 mètres de longueur. Il croise la route royale, n° 16, de Paris à Dunkerque et se brise un peu en deçà de la Brèche. Puis vient un autre alignement passant devant Villers-Saint-Paul, se continuant jusqu'au dessous du village de Rieux et présentant une longueur de 3,308 mètres. *Villers-St-Paul. — Rieux. — Brenouille. — Les Ageux.*

Le tracé s'infléchit à Rieux pour se porter vers le bas du village de Brenouille. De ce point il se dirige par un alignement de 5,612 mètres de longueur sur les Ageux, passe à gauche de ce village, croise la route royale, n° 17, de Paris à Lille et se termine vis-à-vis de Sarron.

Ce tracé laisse la petite ville de Pont-Ste-Maxence à 1,500 mètres de distance sur la droite. Nous avions, en l'adoptant, un double motif, celui d'abréger le trajet et celui de placer la voie sur un terrain plus élevé.

On s'est imposé dans la préparation du projet, la condition d'établir le niveau des terrassements dans toute l'étendue des vallées de l'Oise et de l'Aisne, au moins à la hauteur des plus hautes eaux connues, celles de 1784, afin que la circulation ne puisse pas être arrêtée par les crues. Pour satisfaire à cette condition, le chemin a dû être établi presque partout en remblai dans la vallée de l'Oise. Le terrain se relevant graduellement à partir de la rive gauche de la rivière, on comprend qu'il y ait eu avantage à se tenir un peu éloigné de Pont-Ste-Maxence. Si cependant un exhaussement de 0^m, 60 à 0^m, 80 dans la hauteur des remblais et une augmentation de parcours de 600 mètres environ, n'étaient pas regardés comme des inconvénients assez graves pour faire renoncer à l'avantage de toucher cette ville, il serait bien facile de modifier le projet sous ce rapport.

Le point de départ du chemin projeté est établi à la hauteur de 29^m, 24 au-dessus du niveau moyen de la mer pris, comme nous l'avons dit, à 26^m, 35 en contre-bas du zéro de l'échelle du pont de la Tournelle à Paris.

Le profil en long présente dans l'étendue, comprise entre Creil et Pont-Ste-Maxence, une succession de rampes variant de 3 à 8 dix millièmes.

Les terrassements à exécuter dans le même intervalle sont peu considérables.

Deux stations seront établies dans cet espace, l'une à Rieux, l'autre au village des Ageux, contre la route royale, n° 17, de Paris à Lille. Cette dernière aura principalement pour objet de desservir Pont-Ste-Maxence.

Les autres ouvrages d'art consistent dans un pont sur le chemin de fer à exécuter à Creil, pour le passage de la route royale, n° 16, de Paris à Dunkerque; un autre semblable à la rencontre de la route royale, n° 17, de Paris à Lille; deux ponts de 6 et de 5 mètres d'ouverture à établir sur la Brèche et sur la petite Brèche; deux autres de 3 mètres sur les ruisseaux de Rieux et de Brenouille, quelques aqueducs de 1 mètre d'ouverture, un passage à niveau à la rencontre de la route départementale de Cirès-les-Mello à Gilaucourt, et un certain nombre d'autres passages à niveau pour chemins vicinaux ou ruraux.

Arrivé devant Sarron, le tracé se replie pour traverser l'espace assez étroit compris entre le coteau et la rivière. Après ce passage qui n'offre d'ailleurs ni difficultés ni travaux de terrassements de quelque importance, il se porte sur le hameau de Bois d'Ageux par un alignement de 4,647 mètres de longeur, dirigé de manière à éviter les vastes marais situés aux abords de Chevrières. La ligne se développe en courbe au-dessus de Bois d'Ageux pour passer devant Rivecourt et longer le pied du coteau. Elle présente dans cette partie un alignement de 4,887 mètres d'étendue et passe le long des villages de Rivecourt et d'Armancourt. Enfin au moyen de trois alignements qui ont respectivement 1760, 1226 et 2261 mètres de longueur et qui sont raccordés par des courbes plus ou moins développées, elle arrive devant Compiègne, au faubourg du petit Margny, après avoir suivi dans toute son étendue, le long village de Jaux, touché celui de Venette et croisé la route royale, n° 31, de Rouen à Reims. Elle traverse devant Compiègne la route royale, n° 35, de Compiègne à Abbeville, un peu plus loin la route royale, n° 32, de Compiègne à Saint-Quentin et arrive par une courbe de 1000 mètres de rayon sur les bords de l'Oise qu'elle franchit au moyen d'un pont, pour passer sur la rive gauche de l'Aisne.

Sarron.—Bois d'Ageux. — Rivecourt. — Armancourt. — Jaux.— Venette. Compiègne.

Le profil en long ne se compose dans toute l'étendue comprise entre Pont Sainte-Maxence et Compiègne, que de deux rampes inclinées à moins de 2 dix millièmes.

Le tracé se développe donc d'une manière très favorable dans toute l'étendue de la vallée de l'Oise ; car les alignements sont presque tous d'une assez grande longueur, le rayon des courbes de raccordement est au moins de 1000 mètres, la déclivité est presque nulle et on ne rencontre aucun obstacle. Les remblais n'atteignent la hauteur de 3 mètres que sur deux points seulement et il ne se trouve qu'un petit déblai dont la plus grande profondeur est de $3^m,86$.

Trois stations doivent être établies entre Pont Ste-Maxence et Compiègne ; l'une près de Bois d'Ageux, à la rencontre du chemin vicinal de grande communication de Verberie à Arsy, destinée principalement pour le service de Verberie ; une seconde au point de jonction des villages d'Armancourt et de Jaux ; la troisième placée dans le faubourg de Compiègne sera contiguë à la route royale, n° 35, de Compiègne à Abbeville.

Stations et Ouvrages d'art entre Pont-Sainte-Maxence et l'Oise.

Il sera exécuté dans la même étendue, un pont de 5 mètres d'ouverture sur le ruisseau de Leplessis-Longeau ; un pont de 3 mètres sur le ruisseau d'Houdencourt ; deux ponceaux de 2 mètres et quelques aqueducs de 1 mètre.

Tous les chemins seront d'ailleurs croisés de niveau, et il n'est guère possible qu'il en soit autrement. Le chemin de fer étant généralement en remblai, faire passer les chemins qu'il rencontre au-dessus de cette voie, serait s'engager dans des travaux de terrassements considérables pour l'établissement des rampes ; les faire passer au-dessous serait, à raison de ce que la hauteur du remblai de la levée du chemin de fer est insuffisante, s'obliger à les établir très bas et s'exposer à voir les communications interceptées lorsque les eaux s'élèveraient dans la rivière.

Les routes royales de Rouen à Reims et de Compiègne à Abbeville seront, comme les autres chemins, traversées à niveau. En ce qui concerne cette dernière, un motif de plus se joint aux raisons que nous venons de donner au sujet des chemins ordinaires, c'est qu'elle ne pourrait être exhaussée sans enterrer un certain nombre d'habitations. Cependant le chemin connu sous le nom de chemin des Meuniers situé près de Compiègne, et la route royale, n° 32, de Paris à Saint-Quentin, croisant le chemin de fer à l'endroit où déjà il s'élève pour franchir le pont de l'Oise, on pourra faire passer au-dessous, l'une et l'autre de ces deux communications.

ont sur l'Oise à Compiègne. La ligne projetée coupe la rivière d'Oise, suivant un angle de 55°. Il y aura à exécuter sur ce point un pont biais qu'on ne pourrait redresser sans tourmenter le tracé. Ce pont sera composé de trois arches qui présenteront ensemble une ouverture de 70 mètres à peu près égale à celle du pont de Pont-Ste-Maxence.

Les grandes eaux s'élèvent à Compiègne à 5^m 50 au-dessus de l'étiage, et c'est à cette hauteur qu'est établie la naissance des arches. On arrivera sur le pont par des rampes inclinées à cinq millièmes, dont la longueur réunie sera de 2,098 mètres, mais qui n'exigeront de remblais de plus de 6 mètres de hauteur que sur une étendue de 364 mètres.

allée de l'Aisne, Le tracé suivra la rive gauche de l'Aisne. En le portant sur la rive opposée on serait obligé de traverser cette rivière vers le confluent de la Vesle, ce qui nécessiterait l'exécution d'un ouvrage dispendieux. Cette rive est beaucoup moins favorable que l'autre à l'établissement d'un chemin fer. Le passage de Soissons commandait d'ailleurs l'adoption du parti auquel on s'est arrêté. Il convenait aussi sous les rapports de la défense d'abriter derrière la rivière, une voie qui comme on le verra plus loin, prendrait en cas de guerre une grande importance. On doit ajouter que partout le tracé longe la route royale de Rouen à Reims, et que ce contact fera de la route un auxiliaire fort utile du chemin de fer.

Du reste, comme dans la vallée de l'Oise, le tracé se développe heureusement. Le rayon des courbes est au moins de 1,000 mètres et les terrassements y sont peu considérables. Enfin à l'exception de deux points, le passage de l'Oise et celui de Soissons, le profil longitudinal est constamment en rampe à l'inclinaison de moins de 1¡2 millimètre par mètre.

L'alignement qui croise la rivière d'Oise a 3,328 mètres de longeur et est suivi d'un autre de 4,565 mètres.

A l'origine de la vallée de l'Aisne, le tracé suit d'abord la lisière de la forêt de Compiègne; un peu plus loin il traverse une partie saillante de cette forêt. Forêt de Compiègne.

Un troisième alignement, de 4,436 mètres de longueur, passe devant Trosly-Breuil, Breuil et Lamotte. Le suivant qui a 3,109 mètres, laisse Couloisy et Jaulzy sur la droite. Derrière Jaulzy le tracé serre de près la rivière, afin de ne pas pénétrer trop avant dans le village dont quelques bâtiments, d'ailleurs d'une très faible valeur, devront être coupés. Un peu au-delà, il longe la route royale sur une longueur de 2,644 mètres. Près et en-deçà de la route départementale de Villers-Cotterêts à Noyon, il s'infléchit sur la gauche et arrive devant la ville de Soissons au moyen de trois alignements dont les longueurs respectives sont de 3,991, 5,217 et 3,843 mètres. Dans cet intervalle il touche la rivière derrière les bâtiments de la ferme de Canivet dont il enlève une petite partie. Trosly-Breuil. — Breuil. — Couloisy. — Jaulzy.

Les ouvrages d'art à exécuter entre l'Oise et Soissons consistent en deux ponts de 5 mètres, deux de 3 mètres, un ponceau de 2 mètres et un certain nombre d'aqueducs de 1 mètre d'ouverture. Le passage de la route départementale de Villers-Cotterêts à Noyon et des chemins vicinaux ou ruraux s'opérera à niveau. Stations et Ouvrages d'art entre l'Oise et Soissons.

Quatre stations seront établies dans le même intervalle. L'une à Lamotte sera contigüe à la route royale de Rouen à Reims et partagera à peu près également l'espace compris entre les villages de Trosly-Breuil et de Couloisy. Une seconde placée contre le chemin vicinal de grande communication de Jaulzy à Carlepont, sera principalement affectée au service du gros bourg d'Attichy, chef-lieu de canton situé sur la rive droite de l'Aisne. Une troisième gare pour Vic-sur-Aisne, également chef-lieu de canton et situé sur la même rive, touchera la route départementale de Villers-Cotterêts à Noyon. Enfin la quatrième près de la Maladrie et du Village d'Ambleny, sera en contact avec le chemin d'Ambleny à Port et se trouvera placée au centre d'un grand nombre de villages.

Arrivé devant Soissons, le tracé se porte sur la droite pour traverser le faubourg St-Christophe, croise à niveau la route royale de Rouen à Reims, puis la route royale, n° 2, de Paris à Maubeuge, franchit le fossé de la place, pénètre dans la ville, passe au niveau de la rue St-Jean près du dépôt d'artillerie, traverse de nouveau le fossé de la place, puis le vallon du ruisseau de la Crise, croise à niveau la route royale, n° 35, de Château-Thierry à Béthune, et se replie sur la gauche pour suivre une dépression de terrain qui se fait remarquer au pied du monticule derrière lequel se trouve le village de Villeneuve St-Germain. Enfin il rentre dans le fond de la vallée de l'Aisne pour se diriger sur Vénizel. Passage de Soissons.

Ce passage est heureux à plusieurs égards; on ne détruit aucun bâtiment et la station est très convenablement placée au niveau du sol, dans les jardins situés au-delà et à la suite de la rue St-Jean.

Le chemin de fer, à son entrée dans Soissons et à sa sortie, traversera le fossé de défense sur des ponts avec arches en fonte creuse qu'on séparera des murs d'escarpe par des ponts-levis Le premier de ces ouvrages se compose de trois arches de 20 mètres d'ouverture chacune; l'autre est formé d'une seule arche de 30 mètres. Les ponts-levis seront exécutés comme on le fait habituellement à l'entrée des places fortes.

Il est à regretter sans doute, qu'on soit conduit à croiser à niveau trois routes royales, mais les conditions de la défense ne se concilieraient pas avec les remblais ou les déblais qu'il y aurait à exécuter pour faire passer les routes soit au-dessus soit au-dessous du chemin de fer.

Soissons est traversé par un alignement de 1,598 mètres de longueur, suivi d'un autre de 1,901 mètres.

Le profil en long présente, sur une étendue de 1,052 mètres, une rampe inclinée à 5 millièmes dont l'objet est de s'élever au niveau de la ville où l'on arrive à la cote 48^m, 89 au-dessus du niveau moyen de la mer. Puis vient un palier de 1,105 mètres, suivi par une rampe dont l'inclinaison est encore de 5 millièmes sur la longueur de 1,220 mètres. A cette rampe succède un autre palier de 200 mètres duquel on descend dans le bas de la vallée de l'Aisne par une pente de 5 millièmes sur 1,915 mètres de longueur

Ce tracé s'élève à près de 8 mètres au-dessus du fond du fossé de la place, et le passage du vallon de la Crise exige un remblai dont la plus grande hauteur est de 7^m 28 et la longueur de 159 mètres, en ne comptant que la partie excédant 6 mètres d'élévation.

Villeneuve - Saint-Germain. Le col de Villeneuve St-Germain est franchi au moyen d'une tranchée qui atteint sur un point 7^m 23 de hauteur, mais qui ne présente plus de 6 mètres de profondeur que sur une étendue de 426 mètres.

Vénizel. A Vénizel, le tracé est obligé de passer dans l'espace assez resserré compris entre le bord de la rivière et l'extrémité du village, dont il coupe même un bâtiment du reste sans importance. Un peu au-delà il entame le coteau et se prolonge ensuite entre le pied de ce coteau et la rivière, sans offrir aucune circonstance remarquable. Mais arrivé auprès de Sermoise, au lieu de continuer à suivre le fond de la vallée de l'Aisne, il se rapproche par une courbe de la route royale de Rouen à Reims. La ligne pénètre ainsi dans la vallée de la Vesle par une rampe inclinée à un peu plus de 3 millimètres 1/2 par mètre sur 1,654 mètres de longueur; puis elle coupe un relèvement de terrain au moyen d'une petite tranchée dont la profondeur maxima n'excède pas 6^m 25.

Ouvrages d'art entre Soissons et l'embouchure de la Vesle. Les ouvrages d'art à exécuter entre Soissons et l'embouchure de la Vesle sont les suivants : Un pont de 6 mètres d'ouverture sur la Crise; un autre de 4 mètres sur le

Rû-preux; deux ponceaux de deux mètres; quelques aqueducs de 1 mètre d'ouverture; un pont sur le chemin de fer à la rencontre de la route royale de Rouen à Reims, près et au-delà de Soissons; un autre pont sur le chemin de fer et deux au-dessous pour le passage de chemins vicinaux ou ruraux.

La vallée de la Vesle depuis son embouchure jusqu'à Reims, est plus étroite et plus sinueuse que celle de l'Aisne. Cependant les courbes du projet n'ont pas moins de 1,000 mètres de rayon. On n'y trouve pas de contre-pente, et la déclivité des rampes n'atteint pas deux millièmes. La hauteur des remblais ne s'élève pas à 6 mètres. Enfin les tranchées les plus profondes ne présentent plus de 6 mètres que sur une longueur ensemble de 399 mètres, et leur hauteur maxima est de $10^m,65$.

Vallée de la Vesle au-dessous de Reims.

On a vu qu'à Sermoise le tracé se rapprochait de la route royale. Il la rencontre bientôt pour la côtoyer sur un développement de 4,500 mètres. Arrivé auprès de Braisne plusieurs difficultés se présentaient pour continuer le tracé sur la rive gauche de la Vesle, et l'on s'est décidé à franchir cette rivière pour se porter au haut de la ville, traverser la route royale à peu de distance au-delà et se développer ensuite entre la route et la rivière. Cette dernière position est de toutes la meilleure à raison des formes du terrain et de l'importance qu'on doit attacher à ne pas s'éloigner de la route. On passe ainsi sous les villages de Courcelles et de Bazoches. Au pied de ce dernier village il faudra déplacer le lit de la rivière, sur une longueur de 400 mètres, pour le rejeter entièrement sur la droite. Il conviendra d'ailleurs de modifier un peu le tracé de la route royale à la sortie de Braisne pour éviter de la croiser sur un angle trop aigu.

Braisne. Courcelles.--Bazoches.

Rendu un peu en-deçà de Fismes, le tracé se replie sur la gauche, traverse de nouveau la route royale et la rivière, et vient couper le faubourg de Fismes entre cette ville et Fismettes. Enfin, à partir de ce point la ligne se développe jusqu'à Reims sur la gauche de la Vesle entre la rivière et la route royale, en passant près de Magneux, Junchery, Muizon, Champigny et Tinqueux.

Fismes. Magneux. — Junchery.—Muizon. —Champigny.-- Tinqueux.

On s'est attaché dans ce trajet à se tenir sur le terrain ferme et à éviter les marais tourbeux qui bordent la Vesle. Cette condition a pu être remplie partout excepté un peu en-deça de Muizon, vis-à-vis de la Tuilerie, où on ne traverse cependant le marais que sur une étendue de 2 à 300 mètres.

Il doit être établi plusieurs stations entre le point où l'on quitte la vallée de l'Aisne et Reims. La première, au bas de Sermoise, sera contiguë au chemin qui de ce village conduit à Missy, situé à 1,800 mètres de distance, sur la route départementale de Soissons à Neuchâtel. La seconde sera placée à Braisne contre le chemin de cette ville à Pontarcy; la suivante à Fismes touchera le faubourg; la quatrième sera établie à Junchery et une cinquième à Muizon.

Stations et Ouvrages d'art entre l'embouchure de la Vesle et Reims.

Le pont à construire sur la Vesle en-deçà de Braisne, aura comme celui qui se trouve sur la route à peu de distance, un débouché de 12 mètres et comprendra deux arches. Celui qui doit ê re exécuté près de Fismes , sur la même rivière , n'aura que 8 mètres. C'est le débouché d'un pont voisin qui suffit à l'écoulement complet des eaux de la Vesle.

Les autres ouvrages d'art consistent dans un pont de 3 mètres d'ouverture à établir sur un ancien canal près de Braisne; 5 ponceaux de 2 mètres sur différents cours d'eau; un certain nombre d'aqueducs de 1 mètre d'ouverture; deux ponts sur le chemin de fer , à la rencontre de la route royale de Rouen à Reims, à Braisne et à Fismes; trois autres ponts sur le chemin de fer, et deux au-dessous, pour le passage de chemins vici. naux ou ruraux.

Passage de Reims. Arrivé devant Reims, on a évité de croiser à niveau la route royale, si fréquentée en cet endroit, de Rouen à Reims. Cette route présentant une pente prononcée vers la ville, on a pu choisir un point tel qu'au moyen d'une petite modification dans son profil, on trouve la hauteur suffisante pour passer au-dessous. On a cherché également à ne pas traverser de niveau la route royale n° 51, d'Orléans à Givet qu'on rencontre un peu plus loin , et pour cela on propose de la dévier comme le représente le plan, sur une longueur de 600 mètres, pour la faire arriver perpendiculairement sur la route de Rouen à Reims. Ce déplacement ne paraît avoir aucun inconvénient et il permet de rendre complètement indépendantes la circulation sur le chemin fer et les communications sur la route. Du reste ces dispositions n'entraînent la destruction que d'un seul bâtiment en mauvais état et d'une faible valeur.

La station aura son origine à la route de Rouen à Reims et se prolongera sur 300 mètres de longueur, de manière à être partagée en deux parties égales par la rue du faubourg d'Epernay qui servira de voie d'arrivée. Le terrain est disposé de telle sorte qu'on peut sans aucune difficulté et sans dépense considérable, donner aux dépendances de cette gare toute l'étendue que l'on voudra.

La gare se trouve sur un alignement dont la longueur est de 2,036 mètres, qui longe la ligne séparative des marais et de la terre ferme et se termine à quelques mètres en-deçà de la rencontre, dans le faubourg Sainte-Anne, de la route départementale de Reims à Epernay par Louvois. La ligne s'infléchit ensuite sur la droite pour passer au haut du village de Cormontreuil.

Variante du Passage de Reims. Peut-être ce tracé paraîtra-t-il un peu éloigné de la ville, et nous avons besoin d'expliquer les raisons qui en ont motivé l'adoption.

Il serait facile , après avoir dépassé Tinqueux, de prolonger vers les marais de la Vesle, le petit alignement situé au-delà de ce village, puis de traverser la route royale de Rouen à Reims dans une lacune qu'on remarque près de la porte de Vesle. A partir de ce point on longerait la levée de gauche du port, et on se raccorderait avec le premier tracé un peu au-delà du faubourg Sainte-Anne. La gare de stationnement serait établie au niveau et dans toute l'étendue de cette levée, et l'on y arriverait de la ville principalement par les deux ponts qui doivent être placés aux extrémités du port.

Ces dispositions présentent quelques inconvénients d'ailleurs peu sérieux au fond. Elles obligent à traverser une étendue considérable de jardins tourbeux; mais la couche de terrain de cette nature ne dépasse pas $0^m,60$ à 0^m 80 d'épaisseur. Le volume des terrassements serait sensiblement augmenté parce qu'il faudrait se tenir partout en remblai. Il serait nécessaire de croiser de niveau la traverse de la route royale de Rouen à Reims, très-près d'un point où déjà l'exécution du canal de l'Aisne à la Marne entraîne l'établissement de ponts tournants sur la même traverse. Enfin, le Génie militaire paraissant être dans l'intention de reconstruire, le long du port et du canal, une enceinte nouvelle en remplacement de celle qui vient d'être détruite, le projet que nous indiquons en ce moment ne pourrait être exécuté si le Ministre de la guerre maintenait sa résolution. Il faudrait dans tous les cas ouvrir des conférences avec l'administration militaire. Nous avons cru en conséquence devoir éluder provisoirement toutes ces difficultés en éloignant un peu le tracé de la ville, sauf à revenir sur ce point lors de la rédaction des projets définitifs.

La vallée de la Vesle se prête mieux au-dessus de Reims au tracé du chemin de fer, que la partie inférieure. On y rencontre de vastes plaines où l'on peut prolonger les alignements en se tenant pour ainsi dire à fleur de sol, et la déclivité des rampes n'y atteint nulle part 2 millièmes, excepté à la sortie de Reims où, pour gagner le plateau de Cormontreuil, on s'élève par une rampe d'environ 3 millièmes sur 1,642 mètres de longueur, et au-delà de Bouy où cette inclinaison excède un peu 3 millimètres par mètre sur la longueur de 1,225 mètres. Du reste, le profil ne présente aucune contrepente; les remblais n'atteignent pas la hauteur de 6 mètres et les déblais n'arrivent à cette profondeur que sur une longueur ensemble de 157 mètres.

Vallée de la Vesle au-dessus de Reims.

Parvenu au dessus de Cormontreuil, le tracé se dirige derrière Taissy par un alignement de 2,131 mètres de longueur. A Taissy, il se reporte un peu sur la droite et présente un grand alignement dont la longueur est de 13,112 mètres ou de plus de trois lieues, qui passe derrière Sillery et Beaumont, et coupe un peu au-delà de ce dernier village la route royale n° 44, de Chalons à Cambrai. Le tracé se dirige ensuite entre Sept-saulx et les Petites Loges, décrit une double inflexion commandée par les formes du terrain, et franchit le canal de l'Aisne à la Marne.

Cormontreuil. — Taissy. - Sillery. Beaumont.— Livry — Louvercy. —Bouy.

Après la rencontre du canal se présente encore un long alignement de 10,247 mètres, passant devant les villages de Livry et de Louvercy et touchant le gros village de Bouy. A deux kilomètres environ au delà de ce dernier village, le tracé se brise pour se reporter à gauche et s'engager dans la vallée de la Noblette affluent de la Vesle.

Stations et Ouvrages d'art entre Reims et le confluent de la Noblette.

Quatre stations doivent être établies entre Reims et l'embouchure de la Noblette, savoir : la première à Sillery, une près de Beaumont, une troisième à la rencontre du chemin de Sept-Saulx aux Petites-Loges, et la dernière à Bouy.

Les ouvrages d'art sont peu nombreux. Ce sont principalement les suivants : un pont sous le chemin de fer pour le passage de la route royale n° 44, près de Beaumont ; un pont biais de 10 mètres d'ouverture pour faire passer le chemin de fer sur le canal de l'Aisne à la Marne ; trois ponceaux de 2 mètres d'ouverture, et quelques aqueducs de 1 mètre.

Vallon de la Noblette. -- Vadenay. -- Cuperly.

Arrivé à l'origine de la vallée de la Noblette, le tracé franchit la Vesle et remonte cette vallée en s'y tenant constamment sur la rive gauche. Il y entre par un alignement de 7,783 mètres de longueur, qui passe devant Vadenay et Cuperly, coupe la route royale n° 77, de Nevers à Sedan, et ne se termine qu'un peu en deçà du camp d'Attila, près de la Cheppe.

Point de départ de l'embranchement de Châlons.

C'est à Cuperly même que l'embranchement de Châlons prend son origine, et un peu plus loin, mais en deçà de la route royale n° 77, que s'effectue le raccordement, du côté de Strasbourg, de cet embranchement avec la ligne principale.

Le profil présente au passage de la Vesle un palier suivi par une rampe inclinée à moins de 4 millièmes. Puis vient encore un palier, et enfin une rampe dont la déclivité dépasse un peu quatre millimètres par mètre.

Une station sera placée à Vadenay, près des chemins de Dampierre et de St-Etienne-au-Temple, et l'on exécutera un pont de 5 mètres d'ouverture à la rencontre de la Vesle.

La Cheppe. -- Bussy-le-Château.-- St - Remy - sur - Bussy.

A partir de la route royale n° 77, la ligne continue de suivre la rive gauche de la Noblette, en passant successivement devant les villages de la Cheppe, Bussy-le-Château et St-Remy-sur-Bussy. Cette partie, dont le tracé est extrêmement facile, se compose de longs alignements et de courbes à grand rayon. Le profil présente un palier jusqu'à la Cheppe, une rampe d'un peu moins de trois millièmes depuis ce point jusque vers la limite séparative des arrondissements de Châlons et de Ste-Ménéhould ; enfin une rampe d'un peu plus de trois millièmes jusqu'à St Remy.

Nous plaçons dans cet intervalle deux stations : l'une à la Cheppe, près de la route départementale de Reims à Bar-le-Duc ; et l'autre à St-Remy-sur-Bussy, auprès du chemin de Somme-Vesle. Le voisinage de la petite ville de Suippe donne de l'importance à la première.

C'est entre St. Remy et Auve que la ligne passe du Vallon de la Noblette affluent de la Vesle, dans celui de l'Auve affluent de l'Aisne. Le fatte qui sépare la tête de ces deux vallées a peu de relief. Le nivellement qui en a été fait depuis le télégraphe de Lacroix jusqu'à la route de Paris à Metz, a fait connaître que le col le plus déprimé était celui qui se trouve à 5 kilomètres environ au nord-est de Vieux-Bellay et tout près du chemin de Neuf-Bellay à Lacroix. Il est de six mètres moins élevé que celui qu'on rencontre immédiatement au sud du télégraphe de Lacroix, et que la première inspection des cartes avait porté à indiquer d'abord comme le plus avantageux. Le col de Vieux-Bellay est non seulement plus bas, mais encore plus rapproché de la ligne directe de St-Remy à Auve. On devait par conséquent lui donner la préférence.

Col de Vieux-Bellay entre la Noblette et l'Auve.

Le tracé, après s'être prolongé en ligne droite et dans la direction d'Auve jusqu'au-delà de Vieux-Bellay, atteint ce col à l'aide d'un faible détour sur la gauche. La tranchée n'a que 9^m, 01 de plus grande profondeur et 1,910 mètres de longueur totale, dont 472 mètres seulement sont en déblai de plus de 6 mètres de hauteur. L'ouverture de cette tranchée dans un sol crayeux n'offrira aucune difficulté.

Le profil en long présente au sommet un palier de 250 mètres de longueur à 177^m, 85 au-dessus du niveau moyen de la mer, précédé d'une rampe de 5 millièmes sur 6,060 mètres d'étendue et suivi d'une pente également de 5 millièmes sur 2,486 mètres.

Depuis la route royale n° 77, jusqu'à la tête de la vallée de l'Auve, les ouvrages d'art sont peu nombreux. A l'exception d'un aqueduc de 1^m, 5o d'ouverture, sur le ruisseau de Marseuël qui se jette dans la Noblette, entre la Cheppe et Bussy, et d'un pont sur le chemin de fer pour le chemin vicinal ordinaire de Neuf-Bellay à Lacroix, il ne s'y rencontre que des passages de routes et chemins à niveau et quelques aqueducs de 1 mètre d'ouverture. Le nombre de ceux-ci est même très borné, à raison de l'extrême perméabilité du sol qui absorbe instantanément les eaux pluviales. La route royale n° 3, de Paris à Metz offre une foule d'exemples de vallons secondaires traversés par des remblais sans aqueducs.

Ouvrages d'art depuis la route royale n° 77, jusqu'à la vallée de l'Auve.

Pour descendre depuis la naissance de la vallée de l'Auve jusqu'à Ste Ménéhould, nous avons dû donner la préférence à la rive gauche de cette rivière. Le côté droit de la vallée est plus découpé. En y plaçant la ligne, on se fut mis dans la nécessité de passer l'Auve une première fois en amont du village du même nom et de la traverser une seconde et une troisième fois aux abords de Ste Ménéhould, pour pouvoir approcher suffisamment de cette ville. Enfin il eût fallu traverser l'Yèvre qui se jette dans l'Auve de ce côté.

Vallée de l'Auve.

Le tracé latéral à l'Auve se compose en majeure partie d'un grand alignement de plus de huit kilomètres de longueur, qui s'étend depuis St-Mard jusqu'au château des

Auve. -- St-Mard. Gizaucourt. Dommartin.

Planches. Entre Gizaucourt et Dommartin-la-Planchette, cet alignement traverse sur à peu près deux kilomètres d'étendue, le sol marécageux qui forme le plafond de la vallée. Rien ne serait plus facile que d'éviter ce terrain en infléchissant légèrement le tracé vers la gauche, de manière à ne pas quitter le pied du côteau. Mais quelques sondages et les renseignements recueillis dans le pays nous ayant fait reconnaître que la couche marécageuse était très peu épaisse, et que le fond crayeux se trouvait généralement à 50 ou 60 centimètres au-dessous de la surface, nous avons pensé qu'un remblai dont la plus grande hauteur n'excède pas 2^m, 80, pouvait être sans danger établi sur un sol pareil, et qu'en conséquence il convenait de maintenir l'alignement d'un bout à l'autre.

Les deux parties du tracé faiblement sinueuses qui précèdent et qui suivent, l'une du côté d'Auve, l'autre du côté de Ste Ménéhould, ne présentent aucune circonstance digne de remarque.

Deux stations sont placées dans l'étendue de la vallée; l'une à Auve, l'autre à Gizaucourt. Celle d'Auve touche immédiatement à la route royale n° 3, de Paris à Metz, ce qui offre le double avantage de faciliter le passage à niveau de cette route et de favoriser les populations qui en sont riveraines. La station de Gizaucourt sera utile aux populations de la vallée de l'Yèvre. Elle est placée à la rencontre du chemin de Gizaucourt à Valmy qui est également passé de niveau. Les autres ouvrages d'art sont peu importants. Ils consistent en un petit nombre d'aqueducs de 1^m, 00 d'ouverture et au-dessous, en quatre aqueducs de 1^m, 50 et 2 mètres d'ouverture à établir sur les ruisseaux de Presle, de l'étang de Lacroix, d'Orbeval et de Valmy; enfin en un pont sur le chemin de la ferme du Marécage et deux ponts sur le chemin de fer pour les chemins vicinaux de la Chapelle à Felcourt et du Château-de-Dommartin au village de ce nom. Tous les autres chemins sont croisés de niveau.

La station de Ste-Ménéhould ne pouvait être bien placée qu'à la rencontre, soit du chemin de cette ville à la ferme du Marécage, soit de la route départementale n° 10. Comme il n'était pas possible, ainsi qu'on le verra plus loin, de passer cette dernière route autrement qu'à l'aide d'une tranchée profonde, on a dû donner la préférence au premier emplacement. La station se trouvera de cette manière à proximité des faubourgs les plus populeux et à 800 mètres de distance du centre de la ville. Pour donner 200 mètres de longueur à la plate-forme de croisement de cette grande station, on est obligé de redresser le cours de l'Auve sur une petite longueur. Ce redressement permet de franchir la rivière sur un pont droit de 6 mètres d'ouverture. Cette dimension est justifiée par le débouché du pont qui se trouve immédiatement en aval, à l'entrée de la ville.

Pour se prolonger au-delà de Ste-Ménéhould, la ligne doit nécessairement remonter la vallée de l'Aisne jusqu'à l'extrémité du massif des côtes de l'Argonne, c'est-à-dire

jusqu'au Pont-aux-Vendanges. Cette partie de la vallée de l'Aisne est extrêmement sinueuse. Des caps, à la vérité peu élevés et d'une médiocre épaisseur, mais généralement très prolongés, s'avancent sur les deux rives et s'enchevêtrent les uns dans
les autres. On a cherché à tracer la ligne de manière à couper successivement ces
promontoires dans leurs parties les moins épaisses, et à compenser autant que possible
les déblais et les remblais.

Immédiatement après la station de Ste-Ménéhould viennent deux courbes de 1,000
mètres de rayon, séparées par une droite de 125 mètres d'étendue, au milieu de laquelle le tracé traverse une première fois l'Aisne sur un pont de 5^m, 70 d'élévation.
Dans l'intervalle compris entre l'origine de la première courbe et l'extrémité de la
seconde, on franchit en tranchée quatre des contre-forts qui bordent la vallée, savoir :
deux sur la rive gauche et deux sur la rive droite. A peu de distance de la station on
rencontre une sinuosité de l'Aisne qui exige un redressement de 200 mètres de longueur.

Le tracé se dirige ensuite en ligne droite vers l'extrémité du village de Verrières,
repasse, avant d'y parvenir, sur la rive gauche de l'Aisne à l'aide d'un pont peu élevé,
traverse au moyen d'une faible tranchée l'extrémité du cap sur lequel est bâti ce village,
et se prolonge un peu au-delà, toujours en ligne droite, en coupant deux sinuosités
de la rivière qui exigent des redressements, l'un de 80, l'autre de 170 mètres de longueur. Il s'infléchit alors en suivant le pied du côteau, traverse la rivière d'Ante sur
un pont de 6 mètres d'ouverture, passe en tranchée successivement derrière le hameau
du Bois des Chambres et derrière le village de Châtrice, et franchit l'Aisne pour la
troisième et dernière fois, immédiatement après ce village, sur un pont de 7^m, 47 de
hauteur. Entre le Bois des Chambres et Châtrice, deux sinuosités de l'Aisne exigent
des redressements, l'un de 280, l'autre de 100 mètres environ de longueur.

*Verrières -- Châ-
trice. --Le Pont-
aux Vendanges.*

La ligne, après avoir traversé le contre-fort sur la crête duquel se trouve la grande
tranchée de la forêt d'Argonne, se continue, sans difficulté, le long des côteaux qui bordent la rive droite, jusqu'à la ferme de Mondésir, au droit du Pont-aux-Vendanges.

Cette portion du tracé comporte, comme on vient de le voir, un nombre assez considérable de tranchées, ainsi que plusieurs redressements de l'Aisne; mais il faut considérer, en ce qui concerne ceux-ci, qu'ils sont tous sans exception ouverts le long des
parties en remblai pour lesquelles les déblais qui en proviendront serviront d'emprunts,
et seront conséquemment plutôt utiles que dispendieux. Il s'agit d'ailleurs d'une rivière
dont le lit moyen n'a pas plus de 12 mètres de largeur. Quant aux tranchées partielles,
qui sont au nombre de 9 depuis Sainte-Ménéhould jusqu'à la ferme de Mondésir et
dont le maximum de profondeur varie entre 7^m, 59 et 15^m, 99, on remarquera qu'elles
sont toutes très courtes. La plus longue n'a pas plus de 264 mètres d'étendue en déblai
excédant 6 mètres de profondeur sur l'axe. Les levées en remblai qui alternent avec ces

*Terrassements
dans la vallée de
l'Aisne.*

tranchées sont aussi fort courtes. La nature du sol est d'ailleurs très-favorable. Il consiste en une roche tendre connue dans le pays sous le nom de Gaise, occupant dans la série géologique la place de la craie tufeau. Cette roche, aussi facile à exploiter que la craie la plus tendre, se tient néanmoins sur des talus très raides, comme le prouve l'escarpement presque vertical des flancs de tous ces promontoires du côté de la vallée; en sorte que les déblais quoique calculés dans l'hypothèse de talus inclinés à 45 dégrés, avec banquettes de 1ᵐ, 20 de largeur de 4 en 4 mètres de hauteur, pourront vraisemblablement, lors de l'exécution, être ouverts sur un profil beaucoup plus économique. En résumé, malgré quelques profondeurs de déblai assez fortes, l'exécution des terrassements de cette partie ne peut être considérée ni comme dispendieuse, ni comme difficile.

Dimensions des Ponts sur l'Aisne et sur l'Ante. — Ouvrages d'art.

Les plus grandes crues de l'Aisne ne s'élèvent pas à plus de 1 mètre au-dessus du niveau de la prairie. Quant au débouché nécessaire pour leur écoulement, le Pont-aux-Vendanges n'a d'ouverture totale, entre les culées, que 17ᵐ, 50 dont il faut déduire l'épaisseur de 2 palées en charpente. Le volume des grandes eaux ne doit pas augmenter notablement entre le Pont-aux-Vendanges et Sainte-Ménéhould, l'Ante n'ayant point de crues. Nous pensons conséquemment satisfaire à tous les besoins en adoptant, pour les ponts à établir sur l'Aisne, une ouverture moyenne de 18 mètres, et en plaçant les naissances des arches à 1 mètre au moins au-dessus du niveau du sol.

Le pont sur l'Ante aura 6 mètres d'ouverture et 3ᵐ, 81 de hauteur totale au-dessus du terrain. Ces dimensions sont celles du pont des Bergers situé à quelque distance en amont, sur le chemin de grande communication de Villers-en-Argonne à Sainte-Ménéhould. Les autres ouvrages d'art consistent en un pont de 3ᵐ,00 d'ouverture sur le ruisseau des Etangs entre le village de Chatrice et la ferme de Mondésir; un pont sur le chemin de fer, de 11ᵐ, 94 de hauteur, pour la route départementale n° 10; sept ponts sur le chemin de fer pour le passage d'un pareil nombre de chemins vicinaux; enfin un petit nombre d'aqueducs et de passages à niveau sur chemins vicinaux ordinaires.

Nous avons pensé que Verrières était trop près de Sainte-Ménéhould pour qu'une station pût y être placée avantageusement.

Variantes entre Ste Ménéhould et Chatrice.

Comme variante de la portion comprise entre Chatrice et Sainte-Ménéhould, nous avons étudié sommairement une ligne qui, à partir de la station de cette ville, pénètre, à l'aide d'une courbe de 600 mètres de rayon, dans un petit vallon secondaire formant échancrure dans le premier cap qu'on rencontre sur la rive gauche de la vallée; traverse ce cap au moyen soit d'un petit souterrain, soit d'une tranchée profonde; passe sur la rive droite; se dirige par un alignement prolongé sur les extrémités de deux promontoires consécutifs de cette rive, et parvient ainsi jusqu'au droit du village de Verrières en aval du moulin. Après avoir contourné le contre-fort qui se trouve sous le second chemin de Verrières à la forêt dArgonne, ce tracé se porte en ligne droite vers la tranchée de Chatrice, repasse sur la rive gauche de l'Aisne immédiatement avant cette tranchée et rejoint le premier projet au droit du village.

Cette combinaison plus directe que la première, diminue le trajet de près de 1,000 mètres; mais elle exige deux longs redressements de la rivière, l'un en face du village de Verrières, l'autre vis-à-vis du hameau du Bois des Chambres, l'adoption d'une courbe de 600 mètres de rayon, et l'ouverture, soit d'un petit souterrain, soit d'une tranchée d'une profondeur excédant les bornes du programme que nous nous étions fixé. Ces motifs ont déterminé notre choix en faveur de l'autre tracé. Cependant il est certain que la question devra être examinée de nouveau lors de la rédaction du projet définitif.

Pour l'intelligence de la description qui va suivre, il est indispensable d'entrer dans quelques détails sur les formes générales du terrain entre la vallée de l'Aisne et celle de la Meuse, depuis le Pont-aux-Vendanges jusqu'à Tilly-sur-Meuse.

Forme générale du terrain entre l'Aisne, l'Aire et la Meuse, dans la direction de Pont-aux-Vendanges à Tilly.

La plaine de l'Argonne se présente d'abord comme un plan incliné qui s'élève graduellement jusqu'à la petite chaîne formant la rive gauche de la vallée de l'Aire. Cette chaîne est très déprimée et offre précisément en ligne droite avec le Pont-aux-Vendanges et Tilly, un col dont le sommet n'a que 18^m,08 d'élévation au-dessus du plafond de la vallée de l'Aire. La différence d'élévation des vallées de l'Aisne et de l'Aire, dans cette direction, est d'environ 60 mètres. Entre les vallées de l'Aire et de la Meuse, il existe un autre col très-bas situé près du village de Heippe, et aussi à très peu de chose près dans l'alignement du Pont-aux-Vendanges à Tilly. De ce col, deux vallons descendent dans la direction convenable, l'un vers l'Aire, l'autre vers la Meuse, avec une pente constante et uniforme de 8 à 9 millièmes.

Il résulte de cet exposé, qu'en adoptant des pentes de 8 millièmes sur certains points, le tracé, depuis la vallée de l'Aire jusqu'à celle de la Meuse, n'offrirait aucune espèce de difficulté. On aurait pu se diriger à peu près en ligne droite, en suivant la pente du terrain depuis le Pont-aux-Vendanges jusqu'au col des bois de Waly; franchir de niveau ce col ainsi que la vallée de l'Aire, à l'aide d'une tranchée et d'un remblai dont la profondeur et la hauteur eussent à peine excédé 9 mètres; prolonger le palier jusqu'à l'embouchure du ruisseau de Flabas dans l'Aire, et s'élever de là jusqu'au col de Heippe en suivant l'inclinaison naturelle du vallon. Du col de Heippe, on n'avait plus qu'à descendre de la même manière jusqu'à la Meuse, en suivant la déclivité naturelle du vallon opposé.

Facilité du projet en adoptant des pentes de 8 millièmes.

Mais la ligne de Paris à Strasbourg devant servir au transport d'une immense quantité de marchandises, indépendamment du service des voyageurs, nous avons cru indispensable de ne point excéder en pente la limite de 5 millièmes. Il résulte de cette condition que le tracé ne se présente pas avec un caractère de simplicité aussi remarquable.

Motifs pour ne point excéder l'inclinaison de 5 millièmes.

3

Tracé proposé entre
l'Aisne et l'Aire.
-- Passavant. --
Waly.

Après avoir touché le village de Passavant, il cotoie exactement le pied du massif
de l'Argonne et parvient au village de Waly après avoir décrit une double sinuosité.
A partir de Waly on franchit par un seul alignement le col ainsi que la vallée de l'Aire,
en un point situé entre Fleury et Autrécourt où cette vallée est très étroite. Toute cette
partie, depuis le Pont-aux-Vendanges jusqu'au pont de l'Aire, est en rampe continue
à 5 millièmes d'inclinaison, en sorte que toutes les sinuosités du tracé sont obligées
tant pour chercher les points du terrain présentant une élévation convenable, que
pour obtenir le développement nécessaire. Le col de Waly est d'ailleurs un point
forcé du tracé, la chaîne se relevant de part et d'autre, de telle sorte qu'il serait impossible de passer ailleurs en tranchée.

Terrassements.
Tranchée des bois
de Waly.

Le passage du vallon du Grand Fossé exige un remblai de 12^m, 77 de plus grande
hauteur, mais ce remblai est très-court. La partie excédant 6 mètres d'élévation n'a
pas 320 mètres d'étendue. La tranchée de Waly doit avoir 13^m, 50 de profondeur
maxima et 1,065 mètres de longueur totale, dont 524 mètres seulement en tranchée de plus de 6 mètres de profondeur. Elle est à ouvrir, à sa partie supérieure, dans
les sables de la formation géologique connue sous le nom de Gault. A en juger par les
affleurements tout voisins des calcaires du Kimmeridge-clay, il n'y aurait qu'une faible
épaisseur de terre ou d'argile, et le fond de la tranchée se trouverait dans des calcaires
très-fendillés d'une exploitation facile. Les sables eux-mêmes, qu'on rencontre à la partie supérieure, ont assez de consistance, ainsi que le prouvent les talus du chemin de grande
communication de Verdun à Dammarie entre les villages de Fleury et de Waly. L'ouverture de cette tranchée ne semble en conséquence devoir présenter aucune difficulté
particulière.

Stations et Ouvra-
ges d'art depuis
le Pont-aux-Ven-
danges jusqu'au
col de Waly.

Nous avons entre l'Aisne et l'Aire deux stations, l'une à Passavant, l'autre à Waly.
Le premier de ces villages renferme des tuileries très-considérables et le second plusieurs
fayenceries importantes. Les autres ouvrages d'art consistent en trois ponts sur le chemin de fer pour le passage des chemins vicinaux ordinaires de Brizeaux à la côte de
Biesme et de Brizeaux à Beaulieu, et pour le chemin vicinal de grande communication
de Dammarie à Verdun; un pont, de 3 mètres d'ouverture et 12^m, 77 d'élévation, sur
le ruisseau du Grand Fossé; quelques aqueducs de 1^m, 50 et au-dessous; enfin un certain nombre de passages à niveau, dont un sur le chemin de grande communication
précité.

Tracé depuis la val-
lée de l'Aire jus-
qu'au col de
Heippe.
Fleury.--St-André.

Après avoir franchi l'Aire sur un pont de 13^m, 30 d'élévation, la ligne remonte par
la rive gauche de cette vallée, en se tenant sur le flanc des coteaux et en passant devant le village de Fleury, jusqu'à l'embouchure du ruisseau de Flabas; s'engage dans
ce vallon et arrive au village de S-André, après avoir passé deux fois d'une rive à l'autre. A St-André, le chemin de fer, soutenu jusque là sur le flanc des coteaux, se trouve
au niveau du fond de la vallée. A partir de ce point on entre en tranchée pour n'en

sortir qu'un peu avant le village de Heippe, après avoir franchi le col qui prend le nom de ce village.

Depuis la tranchée de Waly jusqu'au col de Heippe, la ligne continue à s'élever par une rampe de 5 millièmes à l'exception de deux paliers, l'un de 117 mètres au passage de l'Aire, l'autre de 200 mètres dans l'emplacement de la station de Fleury.

Le terrain, entre la vallée de l'Aire et le village de St-André, est singulièrement favorable, c'est-à-dire que le flanc des côteaux auxquels le tracé s'attache est très uni, peu découpé et généralement en pente très-douce. Les terrassements y seront très-faibles à l'exception des trois remblais nécessaires pour franchir l'Aire, un petit vallon secondaire qui se trouve immédiatement en aval de Fleury, enfin le vallon de Flabas, lorsque le tracé le traverse pour la première fois à partir de son embouchure dans l'Aire. Ces levées, qui ont respectivement 13^m,30, 15^m,84, et 14^m,73 de plus grande hauteur, n'ont que 441, 110 et 264 mètres de longueur en remblai de plus de 6 mètres.

Sauf de très-légères sinuosités, la grande tranchée de St-André à Heippe est en ligne droite. Sa profondeur maxima est de 16 mètres. En cet endroit, le sol naturel se trouve à 293^m, 22, et le point culminant du tracé à 277^m,22 au-dessus du niveau moyen de la mer. La tranchée sera ouverte dans la formation géologique connue sous le nom d'argile de Kimmeridge. Le terrain est composé de marnes très-consistantes divisées par quelques bancs calcaires peu épais. On a supposé dans les calculs de terrassements, que les parois seraient dressées à l'inclinaison de 45 degrés avec retraites de 1^m, 20 de 4 en 4 mètres de hauteur, mais il est probable que la bonne tenue du sol permettra d'adopter un profil plus avantageux. Le plafond de la vallée est sur tous les points plus large qu'il ne faut, tant pour l'ouverture de la tranchée que pour celle des contre-fossés destinés à recevoir les eaux pluviales ainsi que celles du petit ruisseau de Flabas, depuis sa source jusqu'à St-André. L'exécution de cette tranchée n'offre en conséquence aucune difficulté réelle.

Grande tranchée de St-André à Heippe.

Nous avons placé au point culminant du tracé un palier de 150 mètres d'étendue. A partir de ce point, on descend vers la vallée de la Meuse par une pente non interrompue, à l'inclinaison de 5 millièmes.

Tracé depuis le col de Heippe jusqu'à la Meuse. Rambluzin. — Récourt. — Tilly.

La ligne passe d'abord à niveau sur la route départementale de Bar-le-Duc à Verdun, suit le fond du vallon du ruisseau de Rambluzin sur environ mille mètres de longueur, se porte au pied des côteaux de la rive gauche de ce ruisseau, traverse à niveau l'extrémité de la rue haute du village de Rambluzin, se soutient encore sur le côteau de la rive gauche dans une étendue de 2 à 3 kilomètres, passe sur le flanc droit de la vallée à l'aide d'un court remblai de 12^m, 70 de plus grande élévation, et se développe ensuite d'une manière continue sur le pied des côteaux de cette rive, jusqu'un peu au-delà du village de Tilly, où elle atteint le plafond de la vallée de la Meuse.

Ouvrages d'art entre l'Aire et la Meuse.

Indépendamment des aqueducs ordinaires et des passages à niveau dont l'un se trouve, comme on vient de le voir, sur la route départementale de Bar-le-Duc à Verdun, on rencontre depuis la tranchée de Waly jusqu'à la vallée de la Meuse, les ouvrages d'art suivants. 1° Un pont de 20 mètres d'ouverture et 13^m, 30 d'élévation, pour le passage de l'Aire. Le pont récemment construit à Fleury sur cette rivière se compose de 3 arches de 8 mètres d'ouverture chacune. Eu égard à la contraction de la veine fluide résultant de l'action des piles au milieu du courant, le débouché utile de cet ouvrage est en réalité à peine égal à celui que nous proposons. 2° Deux ponts de 3 mètres d'ouverture sur le ruisseau de Flabas et un autre de 4 mètres d'ouverture sur le ruisseau de Rambluzin. 3° Neuf ponts sur le chemin de fer pour le passage de divers chemins et routes et notamment pour la route départementale de Clermont à Bar-le Duc. 4° Trois stations à Fleury, Heippe et Tilly-sur-Meuse. Celle de Fleury tire son importance des nombreuses populations agglomérées sur le cours de l'Aire, et du voisinage de la ville de Clermont en-Argonne. Celle de Heippe placée à 29 kilomètres de Bar-le-Duc et 23 kilomètres de Verdun, dessert les intérêts de ces deux villes. Enfin celle de Tilly, indépendamment de l'importance et du nombre des populations groupées sur les bords de la Meuse, sera le point de départ d'une partie des marchandises et des voyageurs de Verdun se dirigeant du côté de Strasbourg.

On a remarqué sans doute que deux passages de niveau sont établis dans les villages de Saint-André et de Rambluzin. C'est une conséquence nécessaire de la disposition des lieux et de la hauteur relative du tracé; mais comme ces passages se trouvent à l'une des extrémités de chaque village et que ce sont d'ailleurs des centres de population peu considérables, il ne nous semble pas qu'il puisse en résulter d'inconvénient sérieux.

Idée générale du profil depuis la vallée de l'Aisne jusqu'à celle de la Meuse.

En résumé le profil du projet présente, depuis la vallée de l'Aisne jusqu'à la vallée de la Meuse, les circonstances suivantes. Parti du fond de la vallée de l'Aisne près du Pont-aux-Vendanges à la cote 156^m, 21 au-dessus du niveau moyen de la mer, il s'élève jusqu'au col de Heippe à l'aide de trois rampes continues à l'inclinaison de 5 millièmes, séparées par deux courts paliers. La première a 12,900 mètres de longueur et aboutit au pont de l'Aire à la cote 221^m, 04. La seconde, dont la longueur est de 2,428 mètres, se termine à la station de Fleury. Enfin, la troisième se prolonge sur 8,808 mètres d'étendue et aboutit au palier du col de Heippe à la cote 277^m, 22. Depuis le col de Heippe, le tracé descend par une pente continue à l'inclinaison de 5 millièmes, sur 13,118 mètres d'étendue, jusqu'au plafond de la vallée de la Meuse qu'il atteint à la cote 211^m, 63 au-dessus du niveau moyen de la mer, en sorte qu'après s'être élevé d'une quantité totale de 121^m, 01 depuis le plafond de la vallée de l'Aisne jusqu'au sommet de la chaine entre l'Aire et la Meuse, il redescend de 65^m, 59 pour atteindre la vallée de cette dernière rivière.

Vallée de la Meuse. — Bouquemont. — Woimbey. — Rouvrois.

A partir de Tilly, le tracé remonte la vallée de la Meuse en passant au pied des villages de Bouquemont et Woimbey, traverse la rivière entre les villages de Bannoncourt et Lacroix, gagne le pied des côteaux de la rive droite, passe devant Rouvrois et s'infléchit sur la gauche, au moyen d'une courbe de 1,000 mètres de rayon, pour entrer dans le vallon du ruisseau de Creüe.

Toute cette partie est presque à fleur de sol, à l'exception d'un déblai pratiqué à dessein dans le côteau qui sépare les villages de Woimbey et de Bannoncourt, pour se procurer les remblais nécessaires aux abords du pont de la Meuse.

Les plus grandes crues de la Meuse ne s'élèvent guère à plus de 80 centimètres au-dessus du niveau le plus bas des prairies. La traversée de cette vallée ne présente en conséquence aucune espèce de difficulté. Nous donnons au pont 5 arches de 18 mètres d'ouverture chacune, ce qui est suffisant. Le pont nouvellement construit à Han-sur-Meuse un peu au-dessus de Saint-Mihiel, est composé de 9 arches de 10 mètres d'ouverture. Il ne produit pas de remous sensible lors des crues les plus élevées. Le pont Chaussée à Verdun, à 20 kilomètres en aval, n'a que 65 mètres d'ouverture totale. *Pont sur la Meuse.*

Le pont projeté a 3^m, 87 d'élévation au-dessus du point le plus bas de la prairie, en sorte que le dessus des rails s'élèvera à 4^m, 47 au-dessus du même point. Pour atteindre cette hauteur, le profil présente d'un côté une rampe à l'inclinaison de 3 millièmes sur 700 mètres d'étendue, et de l'autre une pente d'une inclinaison égale sur 600 mètres de longueur.

Les autres ouvrages d'art de cette partie se composent principalement de 3 ponceaux ou ponts, l'un de 2 mètres d'ouverture, sur le ruisseau de Thillombois, le second de 4 mètres sur le ruisseau de Woimbey et le troisième aussi de 4 mètres, sur le ruisseau de Creüe, qu'on traverse entre le moulin de la Belle-Plaine et le moulin Haut, pour se porter immédiatement sur le flanc gauche du vallon. Il y a en outre une station à Rouvrois, un pont de 4 mètres d'ouverture sur le chemin vicinal de Bannoncourt à Lacroix et plusieurs passages à niveau, dont un sur la route royale n° 64. La fréquentation de cette route est assez faible pour que le croisement de niveau par le chemin de fer puisse avoir lieu sans inconvénient. *Ouvrages d'art.*

C'est à quelque distance au-delà de Rouvrois que se trouve l'origine de l'embranchement de St-Mihiel dont il sera parlé au chapitre suivant. *Point de départ de l'embranchement de St-Mihiel.*

La ligne remonte le vallon de Creüe en suivant le pied du côteau de la rive gauche jusqu'au delà du village de Lavignéville. Elle passe ensuite sur la rive droite jusqu'au village de Chaillon. Toute cette partie est pour ainsi dire à fleur de sol. Deux cols se présentent alors pour passer dans le bassin de la Moselle : l'un sous le village même de Creüe; l'autre plus au sud; dans la direction de Chaillon à la tuilerie de Valanbois. Nous avons dû choisir ce dernier qui est plus bas de 4 mètres, et qui offre plus de développement pour descendre ensuite à Vigneulles avec une pente convenable. *Tracé depuis la vallée de la Meuse jusqu'au col de Creüe.*

C'est à un kilomètre environ au-delà de Chaillon que l'on commence à entrer en tranchée. La longueur totale du déblai est de 1,705 mètres ; mais il n'y en a que 785 mètres en tranchée de plus de 6 mètres de profondeur. Le maximum de la hauteur du déblai sur l'axe est de 19 mètres et le sol naturel, au point correspondant, se trouve à la côte 289^m,20 au-dessus du niveau moyen de la mer. Au point culminant du tracé, qui est presque à l'origine de la tranchée, on a placé un palier de 150 mètres d'étendue dont la cote est de 273^m,23.

Tranchée de Creüe.   Cette tranchée est ouverte dans les marnes consistantes appartenant à la formation de l'Oxford-Clay. On doit s'attendre à les trouver coupés par quelques bancs calcaires qui donneront de bonne chaux hydraulique.

Le profil transversal du terrain au point correspondant à la partie profonde du déblai, est du reste sensiblement de niveau sur une assez grande largeur, en sorte que l'exécution de la tranchée n'offrira pas de difficulté. Les déblais qui ne trouveront pas leur emploi, pourront être portés en dépôt à très peu de distance, dans la direction de la tuilerie de Valanbois.

Profil depuis la Meuse jusqu'au col.   Depuis la station de Rouvrois on s'élève jusqu'au village de Lamorville par une première rampe d'un peu plus de 3 millièmes, sur 6,597 mètres d'étendue. A partir de Lamorville commence une seconde rampe de 5 millièmes, qui se prolonge sur 7,130 mètres de longueur, jusqu'au palier projeté au sommet du col.

Stations et Ouvrages d'art.   Une station est placée sur le chemin commun des villages de Lamorville et Lavignéville à St-Mihiel. Cette station sera fort importante pour l'expédition des produits d'un nombre considérable d'établissements industriels situés dans les communes environnantes, particulièrement des papeteries. Indépendamment d'un petit nombre d'aqueducs ordinaires et de passages à niveau assez multipliés sur des chemins vicinaux, dont un de grande communication, on aura à construire dans la vallée du ruisseau de Creüe, un pont de 4 mètres d'ouverture pour le second passage du ruisseau en amont de Lavignéville, un ponceau de 2 mètres sur le ruisseau de fuite du moulin de Chaillon, enfin un pont sur le chemin de fer, pour le chemin vicinal ordinaire de Chaillon à Creüe.

Tracé entre le col de Creüe et la Moselle. Vigneulles. -- St-Benoit. -- Rembercourt. -- Vallée du Rupt-de-Mad. -- Arnaville.   Pour descendre du col de Creüe sans excéder la pente de 5 millièmes, on est obligé de se tenir au pied des côtes jusqu'au-delà du village de Vigneulles. D'un autre côté, la vallée du Rupt-de-Mad qu'on doit nécessairement suivre pour atteindre celle de la Moselle, n'est abordable qu'à partir du village de Rembercourt. En amont de ce point, elle est trop étroite et trop sinueuse. Le tracé de cette partie est donc en quelque sorte forcé. Après avoir dépassé à peu-près d'un kilomètre le village de Vigneulles, il se dirige, par un seul alignement, vers la source du ruisseau du Rupt affluent du Rupt-de-Mad. Cet alignement coupe la route départementale de Verdun à Pont-à-Mousson, près du village de St-Benoit. On s'est assuré, par des nivellements, que le point auquel il aboutit est le seul qui permette de descendre dans la vallée du Rupt-de-Mad, sans excéder la pente de 5 millièmes, la déclivité naturelle du vallon secondaire qui remonte vers le village de Xammes étant beaucoup trop considérable.

Le tracé suit, au moyen d'une succession de trois courbes de 800 à 1,000 mètres de rayon séparées par de courtes lignes droites, les inflexions principales du vallon du Rupt ; pénètre au moyen d'une quatrième courbe de 850 mètres de rayon dans la vallée du Rupt-de-Mad, et traverse une première fois cette rivière sur un pont de 10^m, 95 d'é-lévation, pour se porter sur le flanc droit de la vallée. Après avoir croisé de niveau l'extrémité de la rue haute du village de Rembercourt, il continue à suivre le pied du côteau de la rive droite jusqu'à une petite distance en amont de Waville. Dans cet in-tervalle, il est nécessaire de redresser le Rupt-de-Mad sur 250 mètres de longueur im-médiatement en aval de Rembercourt, et sur 200 mètres au droit de la tuilerie de Bu-ret. La ligne traverse ensuite une seconde et une troisième fois le Rupt-de-Mad, en amont et en aval de Waville. A partir de là, il ne quitte plus la rive droite de la val-lée ; passe successivement devant les villages d'Onville, Vandelainville, Bayonville et Arnaville, et débouche enfin dans la Vallée de la Moselle immédiatement en aval de ce dernier village, au moyen d'une courbe de 800 mètres de rayon. Il est nécessaire de pratiquer deux redressements du Rupt-de-Mad de 600 mètres environ de longueur chacun, l'un en aval du moulin d'écorces de Bayonville, l'autre devant le village même d'Arnaville.

Le profil longitudinal, depuis le col de Creüe jusqu'à la vallée de la Moselle, pré-sente d'abord une première pente de 9,450 mètres d'étendue à l'inclinaison de 5 mil-lièmes, pour descendre jusqu'au plafond de la plaine de la Woèvre, un peu avant le village de St-Benoit ; secondement, un palier de 5,915 mètres de longueur, qui s'étend depuis St-Benoit jusqu'à la tête du vallon du Rupt ; troisièmement, une pente de 5,550 mètres d'étendue à l'inclinaison de 5 millièmes, depuis la tête du vallon du Rupt jus-qu'en aval de Rembercourt-sur-Mad ; enfin, depuis ce point jusqu'au plafond de la vallée de la Moselle, une longue pente uniforme d'un peu moins de 2 millièmes d'in-clinaison, sur 11,236 mètres d'étendue.

Profil dans la même partie.

Le sommet du tracé, au col de Creüe, est à la cote 273^m, 33 au-dessus du niveau moyen de la mer ; le grand palier de la plaine de la Woèvre à 225^m, 98 et le point où le tracé atteint le plafond de la vallée de la Moselle en aval d'Arnaville, à 176^m, 23 au-dessus du même niveau, en sorte qu'on descend depuis le col de Creüe d'une hauteur totale de 97 mètres.

Le palier projeté entre St-Benoit et l'origine du vallon du Rupt comporte un déblai de 8^m, 18 de plus grande profondeur, et un remblai assez considérable dont la hauteur maxima s'élève à 9^m, 40. Il est évident que lors de la rédaction des projets définitifs,

Terrassements dans la plaine de la Woèvre, le val-lon du Rupt et la vallée du Rupt-de-Mad.

il sera facile de diminuer les terrassements de cette partie en admettant une légère contrepente. Une observation analogue est à faire à l'égard de deux remblais assez prolongés, qui se trouvent de part et d'autre de la station d'Arnaville. On pourra très facilement lors de l'exécution, fractionner à partir de Bayonville, la grande pente qui suit la vallée du Rupt-de-Mad et se rapprocher beaucoup plus du sol. Il n'y a qu'un seul point où de forts terrassements soient inévitables, c'est pour descendre par le vallon du Rupt depuis la plaine de la Woëvre jusqu'au plafond de la vallée du Rupt-de-Mad, en aval de Rembercourt. Le tracé coupe successivement cinq des caps saillants qui encaissent ce petit vallon. Il en résulte un pareil nombre de tranchées partielles d'une assez grande profondeur, mais heureusement extrêmement courtes. Les déblais qui en proviendront seront utiles pour soutenir le chemin de fer en remblai, depuis l'embouchure du Rupt jusqu'aux abords du village de Rembercourt. Quant aux redressemens du Rupt-de-Mad, nous ferons observer que la largeur du nouveau lit ne devant pas excéder 10 à 12 mètres, les terrassements seront en réalité peu considérables, et que d'ailleurs ils trouveront leur emploi comme déblais d'emprunt.

Stations.

Il y a, depuis Creüe jusqu'à la Moselle, 5 stations auxquelles la richesse du pays traversé donne de l'importance. Elles sont placées à Vigneulles, St-Benoit, Rembercourt, Onville et Arnaville. Celle de Rembercourt desservira la petite ville de Thiaucourt qui n'en est éloignée que de 5 kilomètres.

Ouvrages d'art.
Ponts sur le Rupt-de-Mad.

Les ouvrages d'art sont assez multipliés dans cette partie. La ligne traverse deux fois le ruisseau d'Yron qui coule dans la plaine de la Woëvre, une fois celui de Xammes, 8 fois celui du Rupt et 3 fois le Rupt-de-Mad. L'ouverture des ponceaux ou ponts à construire sur les ruisseaux d'Yron, de Xammes et du Rupt, varie de 1^m, 50 à 4 mètres. Les ponts communaux qui existent sur le Rupt-de-Mad sont généralement composés de 3 ou 4 arches de 6 à 8 mètres d'ouverture. Des ponts de 18 mètres d'ouverture, en une seule arche, nous ont paru dès-lors offrir un débouché suffisant. Le premier est situé en amont du village de Rembercourt, à 10^m 95 d'élévation au-dessus du sol de la vallée. Les deux autres n'ont que la hauteur strictement nécessaire pour l'écoulement des grandes eaux. Il y a en outre quatre ponts sur des chemins vicinaux, dont un de grande communication près d'Arnaville et trois ponts sur le chemin de fer, pour le passage d'un pareil nombre de chemins vicinaux ordinaires.

Partie empruntée aux études faites par MM. les Ingénieurs de la Moselle.

A 3 kilomètres environ au-delà d'Arnaville, nous nous raccordons, en plan et en profil, avec le tracé étudié par MM. les Ingénieurs de la Moselle pour l'embranchement de Frouard à Metz. Nous empruntons complètement jusque vers le confluent de la Meurthe, sur 25,570 mètres d'étendue, le projet dressé par ces Ingénieurs, et nous nous dispensons en conséquence de décrire cette partie avec autant de soin que les précédentes. La ligne suit la rive gauche de la Moselle en passant successivement devant les villages de Paguy et Vandière, la ville de Pont-à-Mousson, les villages de Blenod, Dieulouard, Belleville et Marbache. Le profil se compose d'une série de rampes généralement au-dessous de 1 millième d'inclinaison. Enfin il y a dans cette partie six stations, dont une de 2ᵉ classe à Pont-à-Mousson, près de l'intersection des routes royales nᵒˢ 57 et 58.

On trouvera entre nos cotes et celles de MM. les Ingénieurs de la Moselle, une différence constante de 1 centimètre, qui tient à ce que leur nivellement part d'un repère du pont de Frouard, à l'ordonnée 195ᵐ 98 résultant des dernières vérifications du profil du canal de la Marne au Rhin, tandis que nos opérations ont pour point de départ un repère du canal de l'Aisne à la Marne et donnent sur le repère du pont de Frouard la cote 195ᵐ 97.

Un peu avant Frouard le tracé se sépare en plan de la ligne étudiée par MM. les Ingénieurs de la Moselle. Il parvient au bord de la Moselle après une double sinuosité motivée par le relief du pied du côteau, traverse cette rivière à 300 mètres en aval du pont de la route royale nᵒ 57, se dirige presque en ligne droite sur le village de Champigneulles, contourne la partie basse de ce village et parvient après avoir franchi successivement le canal de la Marne au Rhin et la route royale nᵒ 57, au chemin creux de Maxéville, point de départ des études de la partie comprise entre Nancy et Hommarting.

Passage de la Moselle. Tracé dans la vallée de la Meurthe. Frouard. — Champigneulles.

Le point choisi pour la traversée de la Moselle est aussi favorable que possible. L'axe du pont sera perpendiculaire à la direction du courant. On propose de donner à cet ouvrage exactement le débouché de celui de la route royale nᵒ 57, qui a reçu depuis plus de 60 ans la sanction de l'expérience.

Pont sur la Moselle.

Immédiatement en aval de l'emplacement projeté, le courant, contenu par une digue artificielle, se jette brusquement sur la rive gauche. Mais on doit dans l'intérêt de la navigation, ouvrir sur la droite un nouveau lit destiné à porter les eaux de la Moselle dans le lit de la Meurthe, en sorte que le lit actuel ne sera plus qu'un bras de décharge. Il en résulte que la direction des berges du fleuve sera perpendiculaire à l'axe du pont, aussi bien en aval qu'en amont. La disposition du profil permet de ne donner à cet ouvrage que la hauteur strictement nécessaire pour l'écoulement des grandes eaux, hauteur qui est, à quelques centimètres près, la même que celle du pont de Frouard.

Entre le pont de la Moselle et Champigneulles, le tracé traverse d'abord une partie d'un ancien lit de la Meurthe, ensuite sur quatre points différents le tracé projeté du canal de la Marne au Rhin, puis enfin un coude du lit actuel de la Meurthe. La première de ces circonstances est sans importance, l'ancien lit dont il s'agit étant tout-à-fait abandonné par la rivière. La seconde est avantageuse en ce qu'elle permet d'améliorer sans augmentation, et même avec une diminution notable de dépense, le tracé du canal de la Marne au Rhin. En effet, les emprunts nécessaires pour l'établissement des remblais du chemin de fer serviront en même temps à l'ouverture du canal, et permettront de remplacer par un alignement la triple sinuosité que comporte le projet actuel. Quant au passage du coude de la Meurthe situé en aval, il exigera un redressement de 400 mètres de longueur et de 50 à 60 mètres de largeur, mais dont les déblais seront utilisés pour la levée du chemin de fer.

Contact du tracé avec la rivière et avec le canal de la Marne au Rhin.

4

Le passage sous Champigneulles empiète de quelques mètres dans le lit de la Meur-the. Il suffira d'un petit élargissement sur la rive opposée pour en compenser l'effet.

Disposition du profil longitudinal.

A partir des abords du pont de la Moselle, le profil présente un grand palier de 5,707 mètres d'étendue qui se termine à 600 mètres du village de Champigneulles. Ce palier est suivi d'une rampe de 5 millièmes d'inclinaison de 1,332 mètres de longueur, desti-née à gagner la hauteur nécessaire pour franchir le canal de la Marne au Rhin, à laquelle succède immédiatement une autre rampe de 4 millièmes sur 1,718 mètres d'éten-due, qui aboutit au chemin creux de Maxéville à la cote 208^m, 90 au-dessus du niveau moyen de la mer. Cette dernière rampe devra être prolongée, sur une longueur de 933 mètres, dans la partie étudiée par MM les Ingénieurs de la 2e section du canal de la Marne au Rhin, pour atteindre la cote 212^m 63 qui est celle du palier de la station de Nancy.

Terrassements.

On a maintenu le projet de niveau à partir du pont de la Moselle, afin d'éviter une contre-pente. Il en résulte un remblai fort considérable à l'occasion duquel on doit observer : 1° que les fouilles d'emprunt nécessaires pour l'exécuter serviront à déblayer l'emplacement du canal de la Marne au Rhin, ce qui fera une sorte de compensation ; 2° qu'il sera très-facile, au moment de la rédaction des projets définitifs, d'en suppri-mer la majeure partie sans rien changer au tracé, en admettant immédiatement après le pont, une contre-pente suffisamment prolongée pour atteindre le plafond de la vallée, ou du moins le niveau des inondations, et en se tenant ensuite à ce niveau. L'élévation du remblai sera par ce moyen diminuée de plus de 3^m, 50 sur la majeure partie de son étendue.

La levée en remblai, qui se trouve en amont de Champigneulles, est motivée par la nécessité de se procurer une hauteur suffisante pour le passage du canal de la Marne au Rhin. Cette hauteur, ainsi que la plupart des dispositions du projet entre Frouard et Nancy, ont été concertées avec M. l'Ingénieur chef de ce canal. La portion en déblai qui suit immédiatement, fournira les remblais nécessaires avec une faible dis-tance de transport.

Ouvrages d'art.

On est obligé d'infléchir un peu le tracé du canal de la Marne au Rhin, ainsi qu'on l'a figuré sur le plan par une ligne rouge ponctuée, au point où il est traversé par le chemin de fer. Les terrassements n'étant pas commencés sur ce point, cette modifica-tion est tout-à fait sans conséquence. Il faut aussi un peu plus loin déplacer la route royale n° 57, sur 400 mètres de longueur, afin que le tracé du chemin de fer la coupe sous un angle convenable. Le pont, à l'aide duquel cette route traverse la tranchée, doit avoir 6^m,60 d'élévation. Les autres ouvrages d'art de la section de Frouard à Nancy, consistent en trois passages à niveau sur des chemins vicinaux dont un de grande com-munication ; 5 aqueducs ordinaires de 1^m 00 à 1^m 50 d'ouverture ; 4 ponts de 4 mètres d'ouverture, dont un sur le ruisseau de Champigneulles et les trois autres sur des chemins vicinaux ; enfin une gare de stationnement placée un peu avant le pont de la Moselle, dans l'intérêt des villages de Pompey, Frouard et Liverdun.

On a étudié entre le pont de la Moselle et le chemin creux de Maxéville, un autre tracé qui, s'élèvant immédiatement par une rampe de 5 millièmes, franchirait le canal de la Marne au Rhin, à 1,000 mètres environ de Frouard, se dirigerait ensuite sur la partie haute du village de Champigneulles, traverserait le vallon qui se trouve derrière ce village, et après avoir contourné le contre-fort de la tuilerie, viendrait vers le 339ᵉ kilomètre, se confondre avec le projet primitif. Ce tracé a 103 mètres de longueur de moins que celui de la vallée. Mais il comporte l'exécution de deux remblais énormes, l'un de 11ᵐ, 70 de plus grande hauteur pour franchir le canal, l'autre de 14ᵐ, 16 d'élévation pour la traversée du vallon de Champigneulles. Il coupe en deux le parc du château de Champigneulles ainsi qu'une autre propriété d'une grande valeur dans le haut du village. Enfin, il offre en plan l'inconvénient d'une double sinuosité formée par des courbes de 800 mètres de rayon, séparées par une très-petite ligne droite, sinuosité qui est nécessaire pour contourner le contre-fort de la tuilerie, après la traversée du vallon de Champigneulles. Le tracé par la vallée ne présente pas les mêmes inconvénients. Il est d'ailleurs beaucoup plus économique, car l'estimation s'élève à 200,000 francs de moins, sans compter une diminution certaine sur le montant des indemnités résultant de ce qu'il ne traverse aucune propriété précieuse, et la réduction des dépenses d'ouverture du canal de la Marne au Rhin entre Frouard et Champigneulles. Le choix que nous avons fait est donc bien motivé malgré la petite augmentation de longueur qui en résulte.

Variante depuis le pont de la Moselle jusqu'au chemin creux de Maxéville.

CHAPITRE II.

Description du tracé des embranchements.

Embranchements dont l'exécution est indispensable. LES embranchements qu'on peut considérer comme des accessoires indispensables de la ligne que nous proposons, sont ceux de Châlons-sur-Marne, St-Mihiel et Metz.

Châlons-s. Marne. L'utilité, ou pour mieux dire la nécessité d'un embranchement sur Châlons, est incontestable. Chef-lieu d'un département, centre d'une division militaire, cette ville est en outre l'un des ports les plus importants de la ligne de navigation de Paris au Rhin. La multiplicité des relations entre Reims et Châlons, conduira sans doute à établir un service spécial entre ces deux villes. L'exploitation de l'embranchement se fera dès-lors avec la plus grande facilité. Les voyageurs de Châlons, pour la direction de Paris, prendront les convois spéciaux jusqu'à Reims, et ensuite les convois de la ligne principale; ceux de Châlons, pour la direction de Strasbourg ou réciproquement, s'arrêteront à la station de Vadenay, pour changer de convoi, et prendre, dans le premier cas, ceux de la ligne principale, dans le second, les convois spéciaux venant de Reims.

Le service des marchandises s'opérera d'une manière analogue.

St-Mihiel. L'embranchement de St-Mihiel est motivé par la nécessité d'une station centrale pour le département de la Meuse. Il est d'ailleurs tellement court que, pour venir toucher à la station et revenir à la ligne principale, on n'aura que 9,000 mètres de plus à parcourir; ce qui correspond à une perte de temps d'un quart-d'heure. La plupart des convois, soit dans un sens soit dans l'autre, viendront habituellement jusqu'à la station de St-Mihiel, et les plus rapides poursuivront seuls leur marche sans se détourner. Le service de la station de St-Mihiel se faisant en conséquence comme si elle était placée sur la voie principale, il n'en résultera aucune des difficultés ordinairement inhérentes à l'exploitation des embranchements.

L'importance de la ville de Metz réclame impérieusement l'exécution d'un embranchement. L'étude de cette partie du projet étant confiée à M. l'Ingénieur en chef de la Moselle, nous n'en faisons ici mention que pour mémoire.

Nous avons dit que c'est à Cuperly que l'embranchement à diriger sur Châlons prend son origine. Sa longueur est de 13,687 mètres. Il se compose de 5 alignements, raccordés par des courbes dont aucune n'a moins de 1,000 mètres de rayon.

Presque immédiatement après avoir quitté la voie principale, il franchit le petit faîte qui sépare le vallon de la Noblette de celui de la Vesle, au moyen d'une double tranchée dont l'une n'atteint pas la hauteur de 6 mètres, et dont l'autre a pour hauteur maxima 8^m, 33. Cette dernière ne présente toutefois plus de 6 mètres de profondeur que sur la longueur de 356 mètres. Puis, le tracé franchit le vallon de la Vesle, près de St Etienne-au-Temple, au moyen d'un remblai dont la plus grande hauteur est de 10^m, 87, et dont la hauteur n'excède 6^m, 00 que sur 226 mètres de longueur.

La ligne s'infléchit ensuite sur la gauche, coupe la route royale n° 77, de Nevers à Sedan, longe le cours de la Vesle jusque vers la ferme des Cores, et se replie sur la droite pour passer dans une dépression assez prononcée que présente le faîte de séparation des vallées de la Vesle et de la Marne. Après avoir franchi ce col, le tracé descend vers Châlons et s'arrête à la route royale n° 44, de Châlons à Cambray, dans le faubourg St-Jacques, tout près de la porte du même nom.

Les mouvements de terre ne laissent pas que d'être assez considérables dans cette étendue, si on les compare avec ceux des parties voisines de la ligne principale. A un petit remblai succède la tranchée du faîte d'entre Vesle et Marne. Cette tranchée n'a que 6^m, 73 à son point culminant, mais, sur 549 mètres de longueur, elle dépasse la profondeur de 6 mètres. Elle est suivie d'un premier remblai, puis d'un second plus élevé, mais dont la plus grande hauteur excède à peine 6 mètres. Ces remblais précèdent une tranchée ayant plus de 6 mètres de profondeur sur une étendue de 302 mètres. Enfin, on arrive à Châlons à l'aide d'un remblai dont la hauteur maxima est de 8 mètres et qui, sur 456 mètres de longueur, a plus de 6 mètres de hauteur.

Le profil en long présente au départ une rampe inclinée à plus de 4 millièmes. Cette rampe est suivie d'une autre inclinée à 5 millièmes sur 2,301^m de longueur, aboutissant à un palier de 350 mètres, après lequel on descend vers la Vesle par une pente de 5 millièmes prolongée sur 1,300 mètres. Puis vient un palier de 1,620 mètres, une rampe d'un peu plus de 3 millièmes, un palier de 350 mètres et une pente de 8 millièmes sur 3,840 mètres de longueur. On rencontre à la suite une pente de 5 millièmes sur 1,124 mètres, à laquelle succède le palier d'arrivée dont la longueur est de 1,000 mètres.

Ces détails font voir que le terrain parcouru est accidenté. L'inspection du plan montre d'ailleurs que le tracé est loin d'être direct, et il faudrait l'alonger encore ou augmenter le volume des terrassements, si l'on voulait réduire la déclivité de 8 millièmes que présente, sur un de ses points, le profil en long. Cette déclivité ne nous parait pas, après tout, avoir d'inconvénients sérieux dans le voisinage d'une grande station où l'on aura toujours à sa disposition des machines pour servir de remorqueur, en cas de besoin. Nous rapellerons que cette inclinaison a été adoptée dans une étendue de 6,300 mètres au chemin d'Orléans, qui doit cependant former la tête de plusieurs de nos chemins de fer les plus importants, et que si la considération d'une réduction de dépense a pu porter à prendre ce parti dans une telle circonstance, à plus forte raison peut-on s'y rattacher lorsqu'il ne s'agit que d'un embranchement.

Le raccordement vers Strasbourg de l'embranchement de Châlons, présente en plan une courbe de 1,00 mètres de rayon et en profil des inclinaisons qui ne dépassent pas 2 millièmes.

Station de Châlons.

La station de Châlons parait devoir être très-convenablement située au point qui lui est assigné. Le chemin de fer arrive sur la route royale en passant dans un vide existant entre plusieurs bâtiments, qu'il faudra couper sans doute pour se procurer l'espace nécessaire aux mouvements de départ et d'arrivée, mais qui sont d'une construction chétive et d'une faible valeur. Le bâtiment de tête de la station aurait sa façade établie sur la route, et ce serait à la hauteur d'un premier étage au-dessus de l'entre-sol, que se ferait le service des voyageurs, ainsi que cela se pratique au chemin de Versailles, rive gauche, à Paris.

Ouvrages d'art,

Les ouvrages d'art à exécuter, tant sur l'embranchement que sur le raccordement, consistent, outre la station dont on vient de parler, en un pont de 5 mètres d'ouverture sur la Vesle ; un pont sous le chemin de fer au passage de la route royale n° 77, et deux autres également sous le chemin de fer, à la rencontre de deux chemins vicinaux.

Variante possible du tracé de l'embranchement de Châlons.

On remarquera qu'après être arrivé sur la Vesle en partant de Châlons, le tracé pourrait être prolongé dans cette vallée et passer auprès de Dampierre-au-Temple et de Saint-Hilaire-au-Temple, pour se raccorder près de Bouy, avec la ligne principale. On éviterait ainsi l'établissement d'un pont sur la Vesle et l'on n'aurait pas à traverser le faîte qui sépare les vallées de la Vesle et de la Noblette. Cette variante n'aurait d'autre inconvénient que d'alonger un peu le trajet vers Strasbourg. La question de la préférence à donner à l'une ou à l'autre de ces deux solutions, pourra être reprise lorsqu'il s'agira de mettre la main à l'œuvre. Si l'on s'arrêtait à la seconde, la station de Vadenay serait supprimée, et le transbordement des voyageurs partant de Châlons pour se porter dans la direction de Strasbourg, s'effectuerait à la station de Bouy. Il en serait de même pour les mouvements inverses.

L'embranchement de St Mihiel se compose d'une ligne directe de Rouvrois sur cette ville et d'un raccordement vers Strasbourg.

La ligne directe se détache de la voie principale à 600 mètres de la station de Rouvrois, traverse le ruisseau de Creüe un peu au-dessus du village de Maizey, atteint le bord de la Meuse et cotoie cette rivière sans interruption jusqu'à St- Mihiel. Elle occupe, sur 1,100 mètres de longueur, l'emplacement de la route royale n° 64, qu'il est facile de redresser, la pente du sol vers le côteau étant peu considérable. Cette ligne présente en profil, à partir du point où elle se détache de la voie principale, une rampe à l'inclinaison de 1 millième 1/2 sur 1,250 mètres de longueur, suivie d'un palier de 4,282 mètres.

Le raccordement vers Strasbourg se compose: en plan, d'une courbe de 800 mètres de rayon, suivie d'un alignement aboutissant à la ligne principale près du 260ᵉ kilomètre; et en profil, d'une pente unique d'un peu plus de 2 milliemes 1/2 sur 1,856 mètres de longueur.

La station de St-Mihiel sera placée avantageusement dans les jardins situés entre la rivière et la route royale n° 64, et touchera, par l'une de ses extrémités, à l'entrée de la route du faubourg de Verdun. Il sera très facile de mettre le centre de cette station en communication avec la grande place, par une rue dont l'ouverture n'entraînerait la démolition que d'une seule maison.

Les ouvrages d'art, tant sur l'embranchement direct que sur le raccordement, consistent, indépendamment de la station, en 3 aqueducs de 1 mètre d'ouverture; 2 passages à niveau dont l'un sur la route royale n° 64; 2 ponts, l'un de 8 mètres sur le lit de décharge, l'autre de 4 mètres sur le bras principal du ruisseau de Creüe; enfin en un pont sur le chemin de fer, pour le chemin vicinal ordinaire de Maizey à St-Mihiel.

La longueur de l'embranchement, en venant de Paris, est jusqu'à l'extrémité de la station de St-Mihiel, de 5,532ᵐ, 00

Elle est, en venant de Strasbourg, de. 5,395   00

En sorte que la distance totale à parcourir pour quitter la ligne principale et la rejoindre, après avoir atteint la station, s'élève à . . 10,927   00

La partie de la ligne principale comprise entre le point de départ de l'embranchement et le point d'arrivée du raccordement, étant de. . 1,922   00

Il reste pour l'augmentation du trajet des convois qui viendront jusqu'à la station de St-Mihiel. 9,005ᵐ, 00

Comparaison du parcours de St-Mihiel à Nancy et à Metz par le chemin de fer et par les routes.

Il semble, à l'inspection de la carte, que le détour fait par le tracé entre St-Mihiel et Nancy, soit très-considérable. Cependant la différence n'est en définitive que de 19 kilomètres, comparativement à la longueur de la route suivie actuellement par les diligences. Le parcours de celle-ci est de 70 kilomètres. Celui du chemin de fer entre la station de St-Mihiel et celle de Nancy, sera, en nombres ronds, de 89 kilomètres, ce qui suppose 3 heures pour la durée du trajet et conséquemment au moins 4 heures d'économie sur le temps employé par les diligences. De St-Mihiel à Metz, par le chemin de fer, le parcours ne sera que de 65 kilomètres, tandis qu'il est aujourd'hui de 70 kilomètres par la route. Il y aura donc, dans cette direction, économie, non seulement sur la durée, mais même sur la longueur du trajet.

Raccordement de la ligne principale avec le chemin de fer du Nord, du côté de Lille.

Nous avons compris dans notre travail, le projet d'une ligne de raccordement entre le chemin de fer de Paris à Strasbourg et celui de Paris à Lille. Cette ligne, placée près de Creil, aurait pour objet d'abréger le trajet pour passer de l'un à l'autre des deux chemins. Il est peu probable cependant que ce raccordement s'exécute, parce que les conditions du service d'exploitation conduiront à faire de la station de Creil un point d'arrêt où descendront, pour prendre les convois venant de Paris, les voyageurs qui voudront se rendre de Lille à Strasbourg ou de Strasbourg à Lille. Dans ce cas, la dépense portée en compte pourrait être considérée comme augmentant d'autant la somme à valoir pour dépenses imprévues.

Nous avons peu de choses à dire sur ce raccordement dont la longueur serait de 2,121 mètres, la déclivité d'un peu plus d'un milliéme et qui ne présente pas de difficulté. Il nécessite l'exécution d'un pont sur le chemin de fer pour le passage d'un chemin vicinal, d'un pont de 5 mètres d'ouverture à la rencontre de la petite Brèche, et de quelques passages à niveau.

CHAPITRE III.

Résumé des éléments principaux du projet.

Nous avons réuni les éléments principaux du projet dans quelques tableaux que nous joignons à ce mémoire sous la dénomination d'*appendice* *. Nous nous contenterons d'en présenter ici une analyse succincte.

Ces tableaux sont divisés en 6 parties :

La 1ʳᵉ donne, sous le titre de *détail du tracé en plan*, les longueurs des aligne ments, celles de ces courbes et les rayons de ces courbes.

La 2ᵉ, intitulée : *rampes, paliers et pentes*, contient l'indication des longueurs des parties de chemin horizontales, en rampe et en pente, avec la déclivité par kilomètre ; les différences de niveau sur chacune des rampes ou pentes, et la hauteur absolue au-dessus du niveau moyen de la mer, ou l'*altitude* à l'extrémité de chaque rampe ou pente.

On a compris, dans la 3ᵉ partie, les *déblais* et *remblais* ayant plus de 6 mètres de profondeur ou de hauteur sur l'axe du tracé.

La 4ᵉ donne le tableau des *ouvrages d'art* de toute espèce, avec l'indication des routes, chemins et cours d'eau traversés.

La 5ᵉ partie est relative aux *gares de stationnement*.

Enfin, la 6ᵉ et dernière partie contient la nomencl ture de tous les *passages à niveau*.

Les 1ᵉʳ, 2ᵉ et 3ᵉ tableaux sont suivis d'une récapitulation qui permet d'en saisir l'ensemble d'un coup-d'œil.

---

* Cet appendice n'a pas été imprimé.

On peut résumer brièvement les résultats les plus saillants qui ressortent de l'examen de ces divers tableaux.

Ligne principale. Longueur des alignements et des courbes et rayons des courbes.

La ligne principale a, de longueur totale....................	339,849^m »
dont en ligne droite............................	233,615^m »
et *id.* courbe............................	106,234 »
TOTAL PAREIL..............	339,849^m »

La longueur totale des courbes se décompose comme il suit :

Courbes de 800 à 1,000 mètres de rayon exclusivement......	14,861^m »
id. de 1,000 mètres..........................	35,733 »
id. de 1,000 à 1,500 mètres inclusivement.............	28,198 »
id. de 1,500 à 2,000..........*id*..............	19,151 »
id. de 2,000 à 2,500..........*id*..............	1,758 »
id. de 2,500 à 3,000...... ...*id*..............	3,962 »
id. de 3,000 à 4,000..........*id*..............	2,571 »
TOTAL PAREIL..............	106,234^m »

Longueurs et déclivités des rampes, paliers et pentes.

La ligne principale présente :

en paliers ou parties horizontales, une longueur, ensemble, de..	53,571^m »
en pentes ou rampes, depuis zéro jusqu'à 3 millièmes inclusivement............................	205,427 »
en pentes ou rampes, depuis 3 jusqu'à 5 millièmes..........	80,851 »
TOTAL..................	339,849^m »

La somme des hauteurs de toutes les rampes est de...........	393^m 51
Celle de toutes les pentes de..	213 85
La différence de ces deux nombres......................	179^m 66

est égale à la différence entre l'ordonnée du point d'arrivée près de Nancy..	208^m 90
et l'ordonnée du point de départ à Creil............	29 24
Différence comme ci-dessus...	179^m 66

Il se trouve sur la ligne principale, savoir :

en tranchées ayant plus de 6^m 00 de profondeur sur l'axe........ 11,671^m »

en remblais de plus de 6^m 00 de hauteur sur l'axe............... 9,472^m »

Les plus fortes tranchées au-dessus de 6 mètres, sont celles :

de Heippe, dont la longueur est de 2,801^m, et la plus grande profondeur de............ .... 16^m »

de Creüe, dont la longueur est de 785^m, et la plus grande profondeur de... 19^m »

de Waly, dont la longueur est de 524^m, et la plus grande profondeur de......... .... 13^m 50

Les plus forts remblais au-dessus de 6 mètres, sont ceux :

de la vallée de l'Aire, dont la longueur est de 441^m, et la plus grande hauteur de....... .... 13^m 30

de Champigneulles, dont la longueur est de 669^m, et la plus grande hauteur de..................................... 9^m 88

Le nombre des aqueducs de 1^m 50 d'ouverture et au-dessous, s'élève à 127

Celui des ponceaux ou ponts de 2 à 3^m d'ouverture, est de...... 27

Celui des ponts de 3^m d'ouverture et au-dessus jusqu'à 10^m inclusivement, s'élève à..................... 104

TOTAL... 258

Ce qui donne par lieue de 4,000 mètres, 3,03 ouvrages d'art de dimensions ordinaires, ou un ouvrage d'art pour chaque longueur de............... 1,320^m »

Les seuls ouvrages vraiment considérables, indépendamment des grandes stations, sont les suivants :

1 pont sur la Vesle : 2 arches d'une ouverture, ensemble, de..... 12^m

6 ponts sur l'Aisne et sur le Rupt de Mad : 1 arche, de..... 18

1 pont sur l'Aire : 1 arche, de........................ 20

1 pont sur le fossé de la place de Soissons : 1 arche, de......... 30

1 autre pont sur le même fossé : 3 arches d'une ouverture, ensemble, de 60

1 pont sur l'Oise : 3 arches d'une ouverture, ensemble, de....... 70

1 pont sur la Meuse : 5 arches d'une ouverture, ensemble, de.... 90

1 pont sur la Moselle : 7 arches d'une ouverture, ensemble, de... 140

Marginal notes:

Tranchées et remblais ayant plus de 6^m,00 de profondeur ou de hauteur sur l'axe.

Ouvrages d'art.

Il faut ajouter deux poternes avec ponts-levis, pour l'entrée et la sortie de la place de Soissons.

Les gares de stationnement ont été divisées en quatre classes, suivant leur importance. Celle de Reims a été rangée dans la première classe ; celles de Pont-Sainte-Maxence, Compiègne, Soissons, Sainte-Ménéhould et Pont-à-Mousson, dans la seconde.

Le nombre total des gares de stationnement est de............ ..   45

en sorte qu'il sera établi, moyennement, une gare pour chaque longueur de ....   7,547^m

Ce nombre de 45 gares se divise comme il suit :

Gares de stationnement de 1re classe.........................   1
Id.   *id.*   de 2e *id*   5
Id.   *id.*   de 3e *id*   16
Id.   *id.*   de 4e *id*   23

TOTAL PAREIL...........   45

Les passages à niveau sont au nombre de.....................   206

Ce qui revient à 2, 42 passages par lieue, ou à un passage par longueur de..   1,650^m

Ces passages se divisent ainsi :

Sur chemins ruraux et chemins vicinaux ordinaires..............   181
Sur chemins vicinaux de grande communication.................   11
Sur routes départementales..............................   6
Sur routes royales   8

TOTAL PAREIL   206

La partie des tableaux relative au double raccordement avec la ligne du nord, près de Creil, ne présente pas de circonstances dignes de remarque.

Il en est de même des embranchements de Châlons et de St-Mihiel, si ce n'est que le profil longitudinal du premier comprend, comme on l'a vu au chapitre IIe, une pente de 8 millièmes sur 3,840 mètres de longueur.

La longueur de cet embranchement est de.......... 13,687ᵐ ⎫
A ajouter pour le raccordement du côté de Strasbourg. 1,571 ⎬ 15,258ᵐ

Celle de l'embranchement de Saint-Mihiel est de...... 5,532 ⎫
Longueur du raccordement du côté de Strasbourg.... 1,856 ⎬ 7,388

Enfin le double raccordement des lignes du nord et de l'est, près de Creil, a.... 2,121

ENSEMBLE. 24,767

Ajoutant à ce chiffre celui de la voie principale. 339,849

On trouve pour la longueur totale de chemin à exécuter, embranchements compris. 364,616ᵐ

CHAPITRE IV.

Description des principaux ouvrages, et indication des matériaux de construction.

Terrassements.

Nous donnons au chemin de fer, dans les parties en remblai, des talus inclinés à un et demi de base pour un de hauteur, et 8 mètres de largeur en couronne. Cette dimension est réduite à 7 mètres dans les tranchées, qui présentent néanmoins $10^m, 80$ de largeur dans le fond, à raison des contre-fossés dont elles sont accompagnées. Les talus en sont inclinés à 45° et sont séparés, de 4 en 4 mètres de hauteur, par des banquettes ou retraites dont la largeur est de $1^m, 20$. On trouvera parmi les pièces qui composent le détail estimatif, les profils du chemin dans ses différentes positions.

Les calculs des terrassements, établis sur ces profils, conduisent aux résultats suivants :

1° Ligne principale.

Déblais à employer en remblai. . . . . $4,163,418^{m·c·}$ 658 ⎫
  Id. à porter en dépôt. . . . . $1,558,523$ 891 ⎬ $8,564,402^{m·c·}$ 141
Remblais à exécuter au moyen d'emprunts. $2,842,459$ 592 ⎭

2° Embranchements et raccordements.

Déblais à employer en remblai. . . . . . . $396,695$ 422 ⎫
  Id. à porter en dépôt. . . . . $152,868$ 328 ⎬ $689,285^{m·c·}$ 890
Remblais à exécuter au moyen d'emprunts. $139,722$ 140 ⎭

          Total. . . . . $9,253,688^{m·c·}$ 031

Ce qui, pour la longueur entière de 364,616 mètres, donne, comme terme moyen par kilomètre, un volume de. . . . . $25,379^{m·c·}$ »

Ces résultats ne comprennent pas le volume du *Ballast*. La ligne rouge des profils en long représente le dessus des terrassements, et non le dessus des rails qui est de $0^m, 60$ plus élevé.

Une description détaillée des ouvrages d'art eût été inutile pour un avant-projet; on s'est contenté d'en faire connaître sommairement les dimensions principales et le mode de construction. On a donné moins d'indications encore, en ce qui concerne les ponts destinés à faire passer, soit au dessous, soit au-dessus de la voie, les routes ou chemins traversés, les dimensions de ces sortes d'ouvrages étant déterminées par les cahiers des charges adoptés par l'administration, notamment par ceux des chemins de fer d'Orléans et de Rouen.

Ouvrages d'art.

Nous croyons devoir renoncer à l'emploi du bois pour la construction des ouvrages d'art destinés à supporter la voie de fer. La nécessité où l'on se trouve de réparer souvent et de reconstruire après un certain temps les ouvrages en bois, ce qui sur un chemin de fer n'est possible qu'en interrompant ou en gênant beaucoup l'exploitation, nous a paru un inconvénient très-grave. Nous proposons en conséquence d'employer exclusivement la pierre ou la fonte.

Matériaux de construction.

Dans toute la traversée du département de la Meuse, les carrières sont tellement multipliées que l'on aura de l'économie à construire tous les ouvrages en pierre de taille ou en moëllon. Mais à mesure qu'on s'éloigne de ce département, soit dans la direction de Reims, soit dans celle de Nancy, les matériaux de bonne qualité deviennent plus rares. C'est alors que nous substituons, dans certains cas, aux voûtes en pierre, des arcs en fonte du système de M. Polonceau. Si les rails étaient posés immédiatement sur le plancher, il serait possible que l'emploi de ce système ne fût pas exempt de danger, et que les vibrations puissantes causées par le passage des machines y produisissent des ruptures. Nous ne l'avons pas entendu de cette manière. Nous supposons que la couche de sable s'étendra sur le tablier des ponts, et qu'au besoin l'épaisseur en sera augmentée. Le profil en longueur est disposé en conséquence. En ajoutant à cette précaution, celle de placer les rails sur de fortes longrines continues et reliées avec les traverses, l'effet des chocs se trouvera réparti sur des surfaces étendues, et ne pourra nuire à la solidité des ouvrages.

Le pays traversé offre, pour l'approvisionnement des divers matériaux, les ressources suivantes.

Les vallées de l'Oise, de l'Aisne, et celle de la Vesle jusqu'à Reims, fournissent du sable en abondance. Les carrières de pierre de taille et de moëllon y sont très nombreuses. Le prix de la maçonnerie de pierre de taille variera de 45 à 65 francs le mètre cube, suivant le dégré de sujétion des ouvrages, et celui de la maçonnerie de moëllon de parement sera compris entre 15 et 20 francs.

Aux abords de Reims et au-dessus, jusqu'à Cuperly, les matériaux sont plus rares et plus chers. Au moëllon calcaire de parement il faudra substituer la meulière de la forêt de Reims. La pierre de taille se prendra dans les carrières du département de l'Aisne, à d'assez grandes distances. Si, cependant, les travaux du chemin de fer ne devaient pas commencer au-dessus de Reims avant la campagne de 1846, on trouverait beaucoup de facilités, pour les approvisionnements, dans l'ouverture du canal de l'Aisne à la Marne ; mais, de peur de mécompte, nous avons établi nos évaluations sur les données les plus défavorables.

Les carrières du département de la Meuse, particulièrement celle de Troyon qui se trouve sur la ligne même, fourniront la pierre de taille pour l'exécution des parties comprises dans les 5e, 6e, 7e, 8e, 9e et 10e sections du détail estimatif, c'est-à-dire depuis Cuperly jusqu'à Nancy. Cette pierre est de la plus belle qualité. Elle sera transportée au maximum à 70 kilomètres de distance.

Le moëllon de parement proviendra, pour la 5e section, d'Auxéville près de Clermont-en-Argonne, à 35 kilomètres de distance réduite ; pour la 6e section, d'Auxéville et de Fleury ; pour les sections suivantes, des carrières de Fleury, Troyon, Varvinay et autres, qui se trouvent à peu de distance du tracé. Les briques des fours de Passavant pourront être employées, concurremment avec les moëllons de parement d'Auxéville et de Fleury, dans les 5e et 6e sections.

Les établissements métallurgiques des départements des Ardennes, de la Meuse, de la Haute-Marne et de la Moselle fourniront en abondance et à des prix modérés, les fontes et les fers. On trouvera des bois à proximité sur toute la ligne. Enfin, les localités traversées offrent partout des ressources suffisantes pour l'approvisionnement de la couche supérieure des terrassements, soit en sable, soit en pierre cassée, soit en craie recouverte d'une couche de gravier calcaire.

Ponts principaux. Il n'a pas été fait de sondes pour reconnaître la nature du fonds dans l'emplacement assigné au pont de Compiègne, mais les fouilles qui ont été ouvertes à proximité pour les ouvrages de canalisation de l'Oise, autorisent à penser que le terrain offrira une bonne résistance, et qu'il suffira de le mettre à l'abri des affouillements par des enceintes partielles de pieux et de palplanches jointives, enveloppant les fondations des culées et des piles.

Cet ouvrage est composé, comme on l'a déjà vu, de trois arches en fonte creuse, de 23m,33 d'ouverture chacune.

Le lit de la Meuse, entre Woimbey et Lacroix, à l'endroit qui doit recevoir le pont, est formé d'un gravier calcaire assez mobile mais bien consistant, qu'il suffira, comme pour le pont de Compiègne, de garantir des affouillements. On emploiera en conséquence un système de fondation semblable.

Ce pont se compose de cinq arches surbaissées, en maçonnerie, de 18 mètres d'ouverture. La proximité des carrières de Troyon, situées à moins de 10 kilomètres de distance, permettra d'exécuter toute la construction en pierre de taille, à un prix peu élevé, le mètre cube de cette maçonnerie ne devant pas revenir à plus de 45 francs.

Le pont sur la Moselle, à Frouard, est formé de 7 arches de 20 mètres d'ouverture. Les pierres de taille des carrières voisines ne sont pas d'une qualité irréprochable, ainsi qu'on peut en juger par les dégradations qu'à éprouvées le pont de la route royale n° 57. D'un autre côté, la pierre de taille d'Euville, rendue à cette distance, est d'un prix fort élevé. Elle est revenue à 95 francs, le mètre cube, au pont-canal de Liverdun. Nous proposons en conséquence de ne faire usage de la pierre d'Euville que pour les piles et les culées, et d'employer des arcs en fonte creuse dans le système du pont du Carrousel. L'ouvrage sera fondé sur un sol de gravier avec enceintes partielles de pieux et de palplanches jointives, comme le pont-canal de Liverdun.

Les autres ponts à établir sur l'Aisne, l'Aire et le Rupt-de-Mad, n'ont pas plus de 18 à 20 mètres d'ouverture. Celui de l'Aire, entre Fleury et Autrecourt, est projeté en maçonnerie, à raison de l'abondance et de la proximité des carrières. Ceux de l'Aisne et du Rupt-de-Mad auront des arches en fonte. Les culées seules seront construites en maçonnerie parementée en moëllon smillé ou en brique, avec chaînes en pierre de taille.

Enfin, les ponts à exécuter sur le fossé de la place de Soissons ne présenteront aucune difficulté de fondation. L'un d'eux est formé d'une arche de 30 mètres d'ouverture avec arcs en fonte creuse ; l'autre se compose de trois arches du même système, mais dont l'ouverture ne sera que de 20 mètres.

CHAPITRE V.

Estimation des dépenses.

Terrassements. Les cubes des terrassements ont été calculés en supposant le profil transversal de niveau. Le terrain étant généralement peu tourmenté, et le profil en long ayant été levé avec une grande exactitude, de manière qu'à chaque changement de pente longitudinale corresponde un profil en travers, les résultats peuvent être considérés comme fort exacts. On a fait le calcul sur les profils en travers réels, pour la partie la plus accidentée comprise entre le col de Heippe et la vallée de la Meuse, et on a trouvé, pour toute différence avec les résultats du calcul fait dans l'hypothèse de l'horizontalité du profil en travers, 1/20 en plus sur le cube des déblais et 1/12 en moins sur celui des remblais. Comme nous avons ajouté 1/20 en plus à tous nos résultats, tant en déblai qu'en remblai, sur toute l'étendue de la ligne, nous sommes assurés que les cubes portés au détail estimatif sont plutôt au-dessus qu'au-dessous de la réalité.

La plus grande distance de transport n'excède pas 2,000 mètres. Au-delà de cette limite, on a établi les calculs du projet comme si les déblais devaient être portés en dépôt et les remblais formés au moyen d'emprunts.

Le prix moyen du mètre cube de terrassement, sur la totalité de la ligne étudiée, les embranchements compris, est de. . . . . 1 fr. 55 c.

Quelques-uns des prix partiels s'écartent de cette moyenne générale, mais il est facile de les justifier.

Dans la 7e section, le prix des déblais à porter en dépôt s'élève à 2 fr. 50 c., parce que ces déblais sont précisément ceux des grandes tranchées de Heippe et de Creüe, où il y aura une certaine proportion de terrassements dans le roc et quelque difficulté, au moins à Heippe, pour loger les dépôts, ce qui nécessitera d'assez longs transports.

Les déblais employés en remblai dans la 8ᵉ section sont comptés à 2ᶠ le mètre cube. Cela tient à ce que la proportion des déblais dans le roc y sera assez forte.

Enfin le haut prix des remblais par emprunt de la 10ᵉ section, est dû à ce que la distance des chambres d'emprunt est assez considérable.

Ouvrages d'art

Les prix des ouvrages d'art et des stations sont généralement calculés par proportion avec ceux des ouvrages analogues du chemin de fer de Paris à Orléans, en tenant compte de la différence des prix élémentaires des matériaux et de la main-d'œuvre dans chaque section. Nous avons eu pour nous guider, dans les cas où le chemin de Paris à Orléans ne nous offrait pas d'analogues, les prix de revient des travaux des canaux de l'Aisne à la Marne et de la Marne au Rhin.

Nous estimons la dépense de construction du pont de l'Oise à 300,000ᶠ, bien que le prix de la maçonnerie ne soit pas élevé sur ce point, et que les piles et les culées n'aient à supporter que des arcs en fonte. Le pont du Carroussel à Paris, dont le débouché est de 150 mètres et la largeur de 11ᵐ, 50, n'a coûté que 900,000 francs. Les dimensions sont réduites, pour le pont de Compiègne, à 70 mètres d'une part et à 7ᵐ, 40 de l'autre.

La dépense du pont de la Meuse est portée à 280,000 francs. Le pont de Ham-sur-Meuse, construit en 1831 sur la route royale n° 64, a précisément la même hauteur et le même débouché, et cependant il n'est revenu qu'à 200,000 francs, toutes dépenses accessoires comprises.

Le pont-canal de Troussey qui présente des dimensions et conséquemment des masses de maçonnerie beaucoup plus considérables, ne coûtera pas plus de 350,000 fr.

Le pont sur la Moselle, à Frouard, est estimé 600,000 francs, somme dans laquelle les fondations, calculées par analogie avec celles du pont-canal de Liverdun, entrent pour 100,000 francs, les travées en fonte pour 250,000 francs, et les maçonneries et dépenses accessoires pour 250,000 francs.

Les ouvrages d'art ordinaires, c'est-à-dire les aqueducs et ponceaux, les ponts sur cours d'eau, d'un débouché de 10 mètres et au-dessous, et les ponts sur ou sous le chemin de fer, sont estimés, savoir :

pour la ligne principale. . . . . 2,893,860ᶠ »
pour les embranchements. . . . . 217,000 »

ENSEMBLE. . . . . 3,110,860ᶠ »

Leur nombre s'élevant à 270, le prix moyen de chacun d'eux
est de. . . . .   11,521^f »

et la dépense moyenne par lieue de. . . . .   34,186^f »

En tenant compte de tous les ouvrages d'art, grands et petits, au nombre de
285, les stations et passages à niveau exceptés, on trouve :

pour la ligne principale, une dépense de. . . . .   5,153,860^f »
pour les embranchements. . . . .   217,000 »

ENSEMBLE. . . . .   5,370,860^f »

ce qui fait par lieue de 4 kilomètres. . . . .   59,020^f »

et pour le prix moyen de chaque ouvrage. . . . .   18,845^f »

Tous les chiffres qui précèdent sont calculés, sans y comprendre les sommes à valoir
que nous n'avons ajoutées qu'en bloc à la fin de l'estimation générale.

Gares de stationnement.

La station de Reims est estimée 500,000 francs; celle de Châlons 350,000 francs.
Les stations moins importantes, de Compiègne, Soissons, Ste-Ménéhould, St-Mihiel,
et Pont-à-Mousson, sont comptées à 250,000 francs, prix de la station d'Etampes sur le
chemin de fer de Paris à Orléans.

Passages à niveau.

L'estimation des passages à niveau comprend les terrassements et empierrements
des abords, une barrière, et une maison habitable estimée 3,000 francs dans les sections
où les matériaux sont à bon marché, et un peu plus ailleurs.

Clôtures.

Enfin nous avons porté à 1^f 50^c, la dépense du mètre linéaire [de clôture en treil-
lage, semblable à celle des chemins d'Orléans, de Versailles et de St-Germain.

Montant général de l'estimation.

En résumé, les dépenses de la ligne principale s'élèveront, savoir :

pour les terrassements, à. . . . .   13,870,553^f 64^c
——— ouvrages d'art. . . . .   5,153,860 »
——— gares de stationnement. . . . .   2,725,000 »
——— passages à niveau. . . . .   1,183,200 »
——— clôtures. . . . .   1,019,547 »

A reporter. . . . .   23,952,160^f 64^c

	Report.	23,952,160^f	64^c
La somme à valoir a été portée à		6,047,839	36
TOTAL.		30,000,000^f	»
ce qui fait, en moyenne, par kilomètre		88,274^f	»

La dépense prévue des embranchements, avec leurs doubles raccordements, se subdivise comme il suit :

terrassemements.	1,009,993^f	26^c
ouvrages d'art.	217,000	»
gares de stationnement.	580,000	»
passages à niveau.	32,500	»
clôtures.	74,301	»
	1,913,794^f	26^c
La somme à valoir est de	586,205	74
TOTAL.	2,500,000^f	»
soit par kilomètre	100,941^f	»

Il y a tout lieu de croire que ces prévisions ne seront pas dépassées. On en a pour garants : l'exactitude du profil longitudinal ; l'exagération des largeurs du profil transversal des tranchées ; les additions faites aux cubes des terrassements pour couvrir toutes les chances d'omission ; la faculté qu'on aura, lors de l'exécution, de diminuer les cubes en adoptant, soit de faibles contre-pentes indiquées au chapitre 1er, soit des pentes au-dessus de 5 millièmes ; enfin l'importance de la somme à valoir qui s'élève à plus du quart du montant de l'estimation.

Conformément au programme qui nous a été tracé, nous nous sommes abstenus de comprendre les indemnités de terrain dans nos évaluations. Nous nous bornerons à faire remarquer que cette sorte de dépense sera, pour notre ligne, renfermée dans d'étroites limites, eu égard au soin avec lequel on a évité de traverser, soit des propriétés bâties, soit des jardins ou parcs d'agrément. On n'aura à démolir, tant pour l'emplacement de la voie que pour celui des stations, que 35 bâtiments pour la plupart d'une très-faible valeur.

—→·•·▶•◀•◆◀••◀—

CHAPITRE VI.

Avantages de la ligne proposée.
Comparaison avec les lignes rivales.

§ 1ᵉʳ Intérêts commerciaux, industriels et agricoles.

L'avantage principal du tracé que nous proposons, consiste à passer par Reims et à s'approcher de Metz autant que possible.

Des détails succincts suffiront pour faire ressortir l'importance de ces deux villes.

Importance de la ville de Reims. Reims, ville de 40,000 âmes et chef-lieu d'un arrondissement dont la population s'élève à 130,000 habitants, se livre principalement à deux branches d'industrie : la manufacture de tissus et le commerce de vins.

Cette ville est le plus fort marché de laine de la France. On estime à 8,000 tonneaux le poids qu'en consomment annuellement ses fabriques, ou qui se distribue dans les établissements industriels voisins. Les laines indigènes lui arrivent principalement par Paris ; celles de l'Allemagne, de la Pologne et de la Russie, par Strasbourg et Metz, et les autres par Marseille, le Hâvre et Anvers.

On y fabrique des couvertures, des flanelles, des napolitaines, des circassiennes, des draps, des casimirs, des châles et des articles de goût. Reims est devenue, parmi les villes manufacturières, celle où la laine se file avec le plus de perfection. Aussi, cette branche d'industrie prend-elle un accroissement rapide.

En résumé, Reims est le centre d'une fabrication extrêmement considérable et d'une population industrielle très-nombreuse.

Reims touche à un vaste vignoble dont les produits sont très-recherchés. On n'évalue pas à moins de 6 millions de bouteilles, la quantité de vin blanc qui s'exporte chaque année, soit de la ville, soit des environs. Ce vin, dont la valeur s'élève à 18,000,000 ᶠ et le poids à 30,000 tonnes, y compris les bouteilles et paniers ou caisses dans lesquels il est contenu, est expédié dans diverses directions, particulièrement sur l'Allemagne, la Belgique, Dunkerque, Calais, Boulogne, le Hâvre et Marseille.

Reims se trouve un point de passage obligé pour la plus grande partie des cotons qui, du Hâvre, se dirigent sur l'Alsace, la Suisse et l'Allemagne méridionale, en traversant Compiègne et Soissons.

Par le canal de l'Aisne à la Marne, Reims sera bientôt en communication avec celui des Ardennes et avec la Meuse navigable, et de ce contact naîtra un nouvel et important mouvement commercial.

Trois routes royales et trois routes départementales se croisent à Reims. Le nombre des places offertes dans les différentes voitures publiques qui en partent ou y arrivent, s'élève à 519 par jour. Si, conformément aux données suivies pour la perception du dixième du prix des places, on prend les deux tiers de ce nombre pour former l'expression du mouvement effectif, on obtient, pour l'année, le chiffre de 126,290 voyageurs.

Les voitures qui font le service entre Reims et Paris contenant 126 places par jour, la quantité réelle des voyageurs peut être évaluée à 84, soit 30,660 par année. Triplant ce nombre pour avoir la circulation présumée du chemin de fer, on trouve, pour la seule direction de Paris, une fréquentation annuelle de 91,980 voyageurs.

Reims est situé sur la route de Paris à Rethel, Mézières et Sedan, et c'est naturellement par Reims que s'établiront les communications du département des Ardennes avec la voie projetée.

Enfin, il est un fait qui justifie en même temps, et de l'intérêt que Reims attache à obtenir un chemin de fer, et des ressources de cette grande ville. Le conseil municipal a voté, dans sa séance du 5 mars 1842, une somme d'un million pour concourir à l'exécution de ce chemin, indépendamment de la part contributive, qu'aux termes de la loi du 11 juin 1842, elle aurait à payer dans les dépenses d'acquisition des terrains.

Importance de la
ville de Metz et
du département
de la Moselle.

La population de la ville de Metz est de........................ 42,793 habitants.

Sa garnison varie généralement de 10 à 11,000 hommes ; elle
est actuellement de...................................... 10,700   »

TOTAL...... 53,493 habitants.

La population des villages environnants, dans un rayon d'un myriamètre,
est de.. 25,801 habitants.

Cette ville offre donc en réalité une agglomération de près de 80,000 individus.

Le département de la Moselle est un des plus importants de France pour la produc-
tion du fer. Les usines d'Hayange et de Moyeuvre occupent l'un des premiers rangs
parmi nos grands établissements industriels, tant pour la quantité des produits que
pour le perfectionnement des procédés de fabrication.

Metz renferme un certain nombre de filatures de coton et de laine, et des fabriques
de draps communs et de velours. Indépendamment des expéditions qui lui sont propres,
il s'y fait un mouvement de transit considérable, dont les principaux objets sont la houille
introduite par la frontière du côté de Saarbrück, et les laines venant d'Allemagne
avec destination de Sedan, Reims et autres lieux.

La fréquentation de 5 routes royales qui aboutissent à Metz (*sans y comprendre la
circulation locale*) s'élève moyennement par jour à 3,179 colliers.

Le poids total des marchandises transportées sur les mêmes routes, est par an
de 423,000 tonneaux.

Il résulte des calculs de M. l'ingénieur en chef Lejoindre, que Metz fournirait au
chemin de fer un mouvement annuel de 130,000 voyageurs sur Paris, 266,000 sur
Nancy et Strasbourg, et 110,000 tonnes de marchandises.

En se reliant au service des bateaux à vapeur de Metz à Coblentz, la voie de fer
attirerait vers Paris, ou porterait de Paris vers le Rhin, une partie du courant si considérable de voyageurs qui remonte ou descend ce fleuve.

Enfin, il importe de remarquer que si Strasbourg est situé sur la route de Paris à
Munich et à Vienne, Metz se trouve sur la direction de Mayence, Francfort, Leipzig
et Berlin.

Avant d'arriver à Reims, le tracé proposé touche plusieurs villes, dont deux surtout
méritent une mention particulière.

Compiègne, dont la population fixe est de 9,000 âmes et la population flottante de
2,000 habitants, est heureusement située au confluent des deux rivières navigables.

Cette ville possède un des plus beaux châteaux de la couronne. Son immense et belle forêt offre des ressources pour la marine et des moyens d'existence à une grande variété d'industries. Elle a en permanence une garnison de cavalerie et il s'y fait souvent de grandes concentrations de troupes, soit pour les camps, soit pour les manœuvres d'automne.

Outre les marchés hebdomadaires, il s'y tient des foires mensuelles. Les céréales, le fil, le chanvre, la laine et les toiles donnent lieu à des transactions considérables. Il s'y fabrique des câbles en grande quantité, et il y existe, tant dans la ville qu'aux environs, des féculeries importantes.

Trois routes royales passent à Compiègne ou partent de cette ville; ce sont celles de Paris à St-Quentin, de Rouen à Reims et de Compiègne à Abbeville par Amiens.

Les places offertes dans les voitures publiques, sur la route de Paris à Compiègne, Noyon et St-Quentin, s'élèvent par jour à 278, dont 186 peuvent être regardées comme constamment occupées. Tous les voyageurs qui prennent cette voie seraient acquis au chemin de fer, et si, pour suivre la règle précédemment indiquée, on en triple le nombre, on trouve une fréquentation annuelle de 203,670 voyageurs.

Ce chiffre montre combien la partie du chemin de fer comprise entre Creil et Compiègne serait productive.

Soissons, que nous ne considérons pour le moment que sous les rapports commer-
ciaux, occupe le centre d'une contrée très-riche en céréales. C'est un entrepôt de grains considérable où Paris puise une partie de sa consommation.

Cette ville, dont la population est de plus de 9,000 âmes, contient des fabriques de toile, des corderies, des tanneries et des blanchisseries. Il se trouve aux environs, des fabriques de sulfate de fer et de sulfate d'alumine.

Trois routes royales viennent s'y croiser. Ce sont : celle de Paris à Maubeuge par Laon et Vervins; celle de Rouen à Reims, et celle de Château-Thierry à Béthune par Chauny. Ces communications seraient des affluents pour le chemin de fer. On viendrait prendre ce chemin à Soissons, de toute la partie septentrionale du département, qui en forme près des trois quarts. Les habitants de la partie méridionale s'en serviraient aussi, sinon pour se rendre à Paris, du moins pour aller du côté de l'est. Nous sommes donc fondés à dire que le tracé que nous proposons, satisfait aussi bien que possible, aux intérêts du département de l'Aisne.

7.

Outre les voitures publiques de Paris à Reims, Mézières et Sedan, passant par Soissons, cette ville a des moyens de transport qui lui sont propres. Deux voitures font, tous les deux jours, un service régulier de Paris à Soissons et présentent, moyennement, 36 places par jour aux voyageurs. D'autres se rendent, de deux jours l'un, de Paris à Laon par Soissons et contiennent 38 places. Le nombre réel des voyageurs étant évalué aux deux tiers de celui des places, le mouvement actuel entre Paris et Soissons, particulier à cette dernière ville, peut être porté, par jour, à 50 voyageurs. Ce nombre triplé donne, par année, 54,750 voyageurs pour la part du chemin de fer.

Il se fait des transports de voyageurs par des voitures locales, telles que celles de Soissons à Compiègne, de Soissons à Reims et de Soissons à Braisne. Enfin neuf autres voitures partent de Soissons dans diverses directions, tous les jours pour la plupart.

Ces détails montrent surabondamment qu'un chemin à grande vitesse satisferait à de véritables besoins, augmenterait l'importance de Soissons et y trouverait des produits considérables.

Des renseignements, recueillis avec beaucoup de soin, font connaître que le tonnage des marchandises de toute espèce partant de Soissons, ou y arrivant, suivant la direction du chemin de fer projeté, se subdivise comme il suit :

Total général des transports par terre...................... 68,000 tonneaux.
dans lequel les importations ou exportations propres à la ville de
Soissons, entrent pour 17,000   »

en sorte que le reste, qui ne fait que transiter, s'élève à... 51,000 tonneaux.

Le tonnage des transports par eau est de .... 185,000 tonneaux.

Le chemin de fer transporterait, sans aucun doute, une forte partie de ces marchandises.

Vallée de l'Oise.   Après avoir parlé des villes principales des vallées de l'Oise et de l'Aisne, nous devons appeler l'attention sur ces vallées elles-mêmes.

L'agriculture est florissante dans toute la partie de la vallée de l'Oise que parcourt le chemin de fer. On y voit des vignobles étendus. La population y est aisée et nombreuse.

Nous avons dit que la ligne projetée passait auprès de Pont-Ste-Maxence. Il se fait dans cette petite ville, qui compte près de 3,000 âmes, un commerce de grains assez considérable. La route royale, n° 17, de Paris à Lille qui la traverse, viendrait apporter au chemin de fer des voyageurs et des marchandises, et mettrait en communication avec cette voie, la ville de Senlis, chef-lieu de sous-préfecture, dont la population est de plus de 5,000 habitants et qui n'en serait éloignée que de 13 kilomètres.

Un peu plus loin, on trouve Verberie, chef-lieu de canton important, situé sur la route royale, n° 32, de Paris à St-Quentin.

Il est inutile de s'arrêter à démontrer l'avantage spécial pour le département de l'Oise, d'une ligne de fer qui le traverse dans une étendue de 70 kilomètres, y touche Compiègne, l'une de ses villes importantes, passe à peu de distance de deux autres chefs-lieux d'arrondissement, Clermont et Senlis, et ne laisse Noyon, ville de 6,000 âmes, qu'à 23 kilomètres de distance.

L'Aisne parcourt aussi un territoire fertile et bien cultivé. Comme dans la vallée de l'Oise, les hameaux, les villages et les bourgs y sont nombreux. Nous citerons parmi les points importants, deux chefs-lieux de canton, Attichy, et Vic-sur-Aisne situé sur la route départementale de Noyon à Villers-Cotterêts. Cette route amènerait au chemin de fer les habitants et marchandises de Villers-Cotterêts et de la Ferté-Milon. *Vallée de l'Aisne.*

Au-delà de Soissons et à peu de distance du tracé du chemin de fer, se trouve Wailly, chef-lieu de canton.

La vallée de la Vesle contient deux petites villes que touche le tracé : Braisne, dont la population est de 1,800 habitants, et Fismes, qui en compte 2,400. *Vallée de la Vesle.*

A Reims, la ligne projetée serait en communication avec le canal de l'Aisne à la Marne, et ces deux voies tireraient de leur contact une nouvelle importance.

Au-dessus de Reims, le trajet longe les vignobles renommés de Sillery, Verzy et Verzenay.

Plus loin, il croise la route royale, n° 77, de Nevers à Sedan, à proximité de la petite ville de Suippe, dont la population est de 2,400 âmes; et c'est près de cette route que se trouve, ainsi qu'on l'a vu, le point de départ de l'embranchement dirigé sur Châlons, chef-lieu du département de la Marne.

L'importance du mouvement partant de Châlons n'est pas douteuse. On objecterait à tort que le trajet sur Paris étant augmenté de 74 kilomètres, le courant des voyageurs sera moins considérable que sur une ligne qui suivrait la vallée de la Marne. Ce trajet s'effectuera, par la ligne de Reims, en 7 et 8 heures, c'est-à-dire, en moitié moins de *Châlons.*

temps qu'on ne le fait aujourd'hui par les diligences, avantage bien suffisant pour attirer la presque totalité des voyageurs. Et si , contre toute probabilité, le mouvement dans ce sens est en réalité un peu ralenti, il est évident que l'accroissement des relations entre Reims et Châlons, formera à cet égard une ample compensation.

Ste-Ménéhould. Ste-Ménéhould, ville de plus de 4,000 habitants, chef-lieu de sous-préfecture, est avantageusement placée au confluent de deux vallées, à l'entrée de la forêt d'Argonne et à proximité d'un groupe considérable d'établissements industriels, tels que forges, verreries et faïenceries, qui tirent leur combustible de cette forêt.

En prolongeant latéralement à l'Aisne, sur 40 kilomètres environ , l'embranchement du canal des Ardennes, déjà exécuté jusqu'à Vouziers, on mettrait Ste Ménéhould en communication avec toute la navigation du Nord ; et si le chemin de fer passait par cette ville , elle deviendrait aussitôt un centre commercial important et le point de départ d'un tonnage considérable de marchandises, bois , fers, faïences , verres, etc., qui se dirigeraient soit sur Paris, soit sur Châlons , pour y prendre la voie navigable.

Plaine de l'Argonne. Vallée de l'Aire. De Ste-Ménéhould à St Mihiel , le pays traversé ne présente pas de grands centres de population, mais il est constamment fertile. L'industrie n'a besoin que d'un bon moyen de transport pour s'y développer. Le tracé cotoie les forêts de Belval, Beaulieu, Souilly , Benoîte-Vaux, traverse la grande plaine cultivée de l'Argonne, coupe la vallée de l'Aire sur un point où se trouve une agglomération remarquable de villages et de bourgs, et passe à proximité des chefs-lieux de canton Triaucourt, Vaubecourt, Clermont-en-Argonne et Souilly.

Bar-le-Duc. Verdun. C'est à Heippe, au sommet du plateau qui sépare l'Aire de la Meuse, et à la rencontre de la route départementale de Bar-le-Duc à Verdun, qu'est placée la station commune à ces deux villes. La première n'en est éloignée que de 29 kilomètres, et la seconde de 23. La population de Bar-le-Duc, chef-lieu du département de la Meuse, est de 12 à 13,000 habitants; celle de Verdun s'élève à 11,000 âmes, non compris la garnison qui est ordinairement de 2,500 hommes.

St-Mihiel. St-Mihiel, chef-lieu judiciaire et siège de la cour d'assises du département de la Meuse, compte une population de 5 à 6 mille âmes, sans y comprendre la garnison qui est habituellement formée d'un régiment de cavalerie. Cette ville, dont le commerce est aujourd'hui peu considérable , serait appelée à une activité toute nouvelle qui réagirait sur le chemin de fer, si l'on devait mettre à exécution le projet, maintenant approuvé , d'un canal latéral à la Meuse, joignant Sedan au canal de la Marne au Rhin.

Plaine de la Woëvre. — Vallée du Rupt-le-Mad. — Vallée de la Moselle. On voit que notre tracé passe au centre du département de la Meuse, en ne laissant à l'écart aucune de ses villes importantes, avantage qui compense, peut-être, l'inconvénient de ne pas traverser le chef-lieu. Mais, si, à raison de cette dernière circonstance, la supériorité de notre ligne, sous le rapport des intérêts locaux, peut-être contestée pour la partie du département située en-deçà de la Meuse, elle ne saurait l'être au-delà de cette rivière. Le tracé rencontre, en effet, immédiatement après St-Mihiel, une vallée peuplée d'établissements industriels de plusieurs espèces, des vignobles considérables, puis la vaste plaine de la Woëvre, l'une des plus productives, non-seulement de la Lorraine, mais de la France entière. Les marchés de Verdun et de Metz, que cette plaine approvisionne en grande partie, sont ceux du royaume où les grains sont vendus habituellement au prix le plus bas. Immédiatement après la plaine de la Woëvre, viennent les vignobles renommés de Thiaucourt, la vallée du Rupt-de-Mad avec ses usines nombreuses, enfin, la vallée de la Moselle que le tracé parcourt dans sa partie la plus large et la plus fertile. Pont-à-Mousson, situé au centre de cette région, est une ville de 8,000 âmes, où l'activité commerciale a déjà pris du développement. C'est le port où viennent débarquer, d'une part, les bois de sapin des Vosges, de l'autre, les houilles de Saarbrück, pour se porter ensuite dans les directions de Verdun, St-Mihiel et Bar-le-Duc. C'est aussi l'un des marchés où se concentrent les produits de la vallée de la Seille. Enfin, Pont-à-Mousson est, jusqu'à présent du moins, la tête de la navigation par grands bateaux sur la Moselle.

Les partisans du tracé par l'Ornain appuient leur opinion sur l'utilité prétendue de faire suivre le même trajet au chemin de fer et au canal de la Marne au Rhin. C'est, disent-ils, le moyen d'imprimer un redoublement d'activité au transit. Le canal portera les marchandises, et le chemin de fer les hommes; l'un et l'autre se prêteront un mutuel secours.

Ces opinions sont aujourd'hui entièrement contredites par les faits.

Le transit est fort loin d'avoir l'importance qu'on se plaisait à lui attribuer. Le mouvement total de cette classe de marchandises qui empruntent notre territoire, pour aller de l'étranger à l'étranger, ne s'élevait en 1836 qu'à 34,000, et en 1840 qu'à 35,600 tonneaux, malgré les facilités de toute sorte dues aux lois des 29 avril 1831 et 9 février 1832. Quelque part de ce tonnage que l'on attribue à la ligne de Paris à Strasbourg, ce sera encore une fraction insignifiante du mouvement commercial intérieur qui s'opère et doit s'opérer sur cette direction.

Il n'est pas plus exact d'admettre qu'un chemin de fer et un canal puissent se toucher constamment sans se nuire l'un à l'autre, et que chacune de ces voies doive conserver son lot exclusif. Il est certain au contraire, que dans une telle situation, le canal ne peut manquer de perdre bientôt la majeure partie de son tonnage, et conséquemment de ses produits. On en jugera par l'extrait suivant du livre récemment publié par M. Teisserenc, sous le titre de *Politique des chemins de fer*.

« Lorsque le chemin de fer de Liverpool à Manchester fut exécuté, trois voies na-

» vigables se partageaient le mouvement commercial qui s'opère entre ces deux villes.
» Les conditions de concurrence étaient donc parfaitement remplies, et les tarifs de
» péage, originairement établis par le duc de Bridgewater, alors que son canal était
» sans rival, avaient déjà subi de notables réductions. Dans les premières années de
» son ouverture, le chemin de fer, envahi par des myriades de voyageurs, ne put
» utilement porter des marchandises; le mouvement multiplié des hommes imprima
» aux affaires une nouvelle activité, et vint en aide aux propriétaires des canaux qui
» virent s'accroître encore leurs bénéfices. Mais cet état de choses n'eut qu'un temps;
» la compagnie du chemin de fer, familiarisée avec le service des personnes, organisa
» un service de roulage; les concurrents durent effectuer dans leurs tarifs des réduc-
» tion successives, si bien que le droit de péage actuel n'est guère que *le tiers* du péage
» perçu en 1830.

« En ce moment, la compagnie du chemin de fer fait, sur le transport des marchan-
» dises, une recette annuelle de près de trois millions. Le cours des actions des canaux
» de Bridgewater, de Mersey et Yrvelt *a baissé des deux tiers.*

« Ces résultats avaient vivement impressionné les propriétaires des canaux anglais :
» une compagnie, celle du canal de Manchester à Bolton, fut tellement effrayée,
» qu'elle sollicita et obtint du parlement l'autorisation de combler son canal pour
» construire en place un chemin de fer. Cependant, au moment de réaliser cette
» opération peu réfléchie, elle se ravisa et établit un rail-way latéralement à la voie
» navigable. Suivant l'usage général en Angleterre, la compagnie du chemin de fer
» et du canal de Bolton à Manchester, fonctionne à la fois comme propriétaire d'une
» voie publique et comme commissionnaire de roulage. Pour effectuer le transport des
» marchandises qui lui sont confiées, elle choisit naturellement celui de ses deux inter-
» médiaires qui lui offre le plus d'économie. Eh bien! c'est toujours au chemin de fer,
» déjà encombré par les trains des voyageurs, qu'elle donne la préférence. Ce fait a
» été officiellement constaté dans la seconde enquête du parlement sur les rails-ways. »

On trouve encore dans le même ouvrage, qu'en Angleterre, où les chemins de fer
sont presque tous contigus aux canaux, bien que le défaut de continuité de ces chemins soit un obstacle au développement des transports de marchandises, les compagnies de canaux ont toutes été obligées d'abaisser fortement leurs tarifs. En même
temps, le cours des actions de ces entreprises a subi généralement, depuis 1834 jusqu'en
1840, une dépréciation de 50 à 75 pour cent.

Le chemin de fer de Londres à Liverpool est le seul sans lacune; aussi a-t-il, plus
qu'aucun autre, porté atteinte à la prospérité des canaux le long desquels il est tracé.

Sur la seule grande ligne de chemin de fer qui ne soit pas en concurrence avec une voie navigable , le chemin de Newcastle à Carlisle, la recette provenant des marchandises outrepasse, chaque année, de 40 pour cent la recette effectuée sur les voyageurs.

Plusieurs faits cités par M. Teisserenc attestent que des résultats analogues se sont produits ou sont sur le point de se produire en Belgique.

Il est donc bien démontré aujourd'hui, que les chemins de fer et les canaux ont , à certains égards , une destination commune, et que leur juxtà position constitue un double emploi, un usage regrettable des ressources de l'Etat. S'il convient, en conséquence, que le chemin de fer de Paris à Strasbourg touche les ports principaux du canal de la Marne au Rhin, il n'est pas moins désirable que les deux tracés ne se confondent pas dans toute leur étendue.

Telle est la condition remplie par notre projet. La ligne proposée passe ou aboutit, à Châlons, Nancy et Strasbourg; partout ailleurs elle s'écarte du canal , en sorte que, si, d'un côté, le canal offre un débouché aux vins du Barrois ; s'il amène les houilles de Saarbruck aux établissements industriels de Bar, aux forges de l'Ornain et de la Haute-Marne; s'il donne à toutes les propriétés qui l'avoisinent, une grande augmentation de valeur, le chemin de fer, à son tour, répandra des bienfaits semblables sur une autre partie du territoire également intéressante. Il offrira une issue aux bois des forêts d'Argonne, aux vins de Thiaucourt , aux céréales des plaines de l'Argonne et de la Woëvre. Il soulagera, de Pont-à-Mousson à St-Mihiel et de Metz à Verdun, les voies de terre actuellement écrasées par les transports des bois des Vosges et des charbons de terre. Il sera d'une haute utilité pour les établissements industriels et les forges des vallées de la Meuse et de l'Aire. Il répandra la richesse et la vie sur une direction où la valeur intrinsèque du sol est au moins égale à celle des contrées traversées par le canal. Il satisfera, enfin, aux conditions d'une bonne justice distributive, qui se refuse à ce que l'on accumule sur la même direction , une route royale , un canal et un chemin de fer.

Nous croyons devoir insister plus particulièrement sur l'utilité que présentera le chemin de fer pour le transport de la houille.

Transport de la houille.

Les charbons de Saarbruck ne coûtent pas plus de 25 francs les 1,000 kilogrammes rendus à Metz , lorsque ceux du nord reviennent à 50 francs , soit dans les forges de l'Aire, soit à Reims. La houille de Saarbruck pourrait donc , au prix de 0^f 10 à 0^f 12 par tonne et par kilomètre, être transportée à plus de 150 kilomètres de distance, c'est-à-dire jusqu'à Reims, avant d'atteindre le prix actuel des charbons du nord. M. l'ingénieur en chef de la Moselle n'évalue pas à moins de 50,000 tonneaux la quantité de houille qui serait expédiée annuellement par la voie du chemin de fer.

Résumé des avantages de la ligne projetée, sous le rapport du parcours partiel.

En résumé, la ligne de Paris à Nancy par les vallées de l'Oise et de l'Aisne, réunit sous le rapport du parcours partiel, des conditions satisfaisantes. Elle relie depuis Creil jusqu'à Ste-Ménéhould, une suite non interrompue de villes importantes, Compiègne, Soissons, Reims et Châlons-sur-Marne. Si, depuis Ste-Ménéhould jusqu'à Nancy, ses avantages sont moindres sous le rapport des grands centres de population, puisqu'on ne touche dans cet intervalle que les villes de Saint-Mihiel et de Pont-à-Mousson, la fréquentation en est néanmoins assurée par la proximité des villes de Bar-le-duc, Verdun et Metz. Elle offre les éléments incontestables d'un grand mouvement de marchandises, à raison de la richesse des plaines et de l'immense étendue des forêts qu'elle traverse, et du transport des houilles de Saarbruck et des bois des Vosges, qui partiront de Metz et de Pont-à-Mousson pour se répandre, sur tout son trajet, depuis la vallée de la Moselle jusqu'à celle de l'Aisne et même jusqu'à Reims.

Réseau des chemins de fer du nord-est de la France.

Si, maintenant, de ces considérations locales, on passe à des vues d'un ordre plus élevé, on trouve, en faveur du projet, des raisons non moins puissantes. En effet, la ligne des vallées de l'Oise et de l'Aisne est placée dans les conditions les plus favorables pour devenir l'artère principale d'un réseau qui, avec les chemins de Paris au Hâvre et de Paris en Belgique, compléterait le système de communications du Nord de la France.

Ligne de Calais, Lille, etc., à la frontière d'Allemagne.

Cette ligne établit des relations directes entre Dunkerque, Calais, Lille, Valenciennes, Douai, Arras, Amiens, d'une part, et Reims, Metz, Nancy, Strasbourg, de l'autre. Le trajet de Calais, et des autres villes du Nord que nous venons de citer, à la frontière d'Allemagne, se trouverait abrégé, par rapport à la ligne de la Marne, de 136 kilomètres dans la direction de Metz, et de 74 kilomètres dans celle de Strasbourg *, sans compter, pour les marchandises, l'avantage d'être affranchies du transport, d'une station à l'autre, autour de Paris.

Ligne du Hâvre à la frontière d'Allemagne.

Au moyen d'un embranchement de 25 kilomètres de longueur, à ouvrir dans la vallée de l'Oise, entre Pontoise et Poissy, les communications du Hâvre avec l'Est seraient assurées comme dans le cas précédent, en évitant le passage de Paris. Le parcours, comparé avec celui du projet de la Marne, se trouverait à la vérité augmenté de 20 kilomètres pour se rendre du Hâvre à Strasbourg, mais il serait en compensation abrégé de 42 kilomètres dans la direction de Metz.

Embranchements de St-Quentin, Rethel, Charleville et Sedan.

Le prolongement de la vallée de l'Oise au-delà de Compiègne, et celui de la vallée de l'Aisne au-dessus de l'embouchure de la Vesle, offrent des moyens faciles pour atteindre St-Quentin, Rethel, Charleville et Sedan, villes d'une si grande importance commerciale, qu'elles doivent, nécessairement, être desservies, tôt ou tard, par un chemin de fer.

---

* Voir le tableau comparatif des distances à parcourir, page 65 de ce mémoire.

Du côté de l'est, des propositions ont été faites par l'industrie particulière pour l'exécution d'un chemin de fer de Charleroi à Sedan, par Philippeville, Marienbourg, Rocroi et Charleville. On ajoute même que toute la partie Belge, de Charleroi jusqu'aux environs de Rocroi, doit être incessamment entreprise aux frais de l'Etat. Il suffirait que ce chemin fût prolongé sur 120 kilomètres d'étendue, sans quitter la vallée de la Meuse, où il n'existe aucun obstacle, et en passant par les villes de Mouzon, Stenay et Verdun, pour se joindre à notre ligne entre cette dernière ville et St-Mihiel, et relier ainsi Bruxelles avec Strasbourg, par une voie directe dont les 4/5 seraient tracés sur le sol français, et qui offrirait aux voyageurs 350 kilomètres de chemin à parcourir qu'en passant par Paris, et 150 kilomètres de moins que par la ligne de Cologne.

Quant aux places fortes, il est évident que Soissons, Laon, Mézières, Sedan et Verdun

Cette facilité remarquable d'étendre ses ramifications dans toutes les directions importantes, est un avantage exclusif de notre projet. La vallée de la Marne encaissée, depuis Meaux jusqu'à Épernay, entre deux chaînes élevées, n'a que de faibles affluents, l'Ourcq et le Morin, qui n'aboutissent qu'à des villes peu considérables. La ligne des plateaux de Sézanne, est encore plus isolée. Ni l'une, ni l'autre de ces lignes ne se prêtent, d'une manière convenable, au développement futur du réseau général des chemins de fer.

§ 2. Intérêts militaires.

La question stratégique ne peut être convenablement approfondie que par les hommes spéciaux. Cependant, il y a maintenant un certain nombre de principes généraux qui ne paraissent plus contestés. Il est admis que les chemins de fer, en cas de guerre, peuvent remplir un double office : permettre de concentrer rapidement des troupes et un matériel de guerre sur les points militaires les plus importants, soit pour la défensive, soit pour l'offensive, et servir à l'approvisionnement des places fortes.

Parallèle à la frontière, la ligne que nous proposons en est assez rapprochée pour permettre de jeter, à un instant donné, des troupes sur les points qui pourraient être menacés, et assez éloignée, toutefois, pour être à l'abri d'un coup de main de la part de l'ennemi.

Sous le rapport des grandes opérations stratégiques, Compiègne, par sa position au confluent de l'Oise et de l'Aisne, à proximité des bassins de la Somme et de l'Escaut, est un poste militaire essentiel en avant de Paris. De Compiègne, un corps d'armée peut diriger des secours sur Amiens et sur Soissons, couvrir la capitale ou manœuvrer dans la vallée de l'Aisne, en liant ses opérations avec celles d'un autre corps qui suivrait la vallée de la Marne.

Soissons et Laon passent pour des positions de premier ordre. Reims et Châlons occupent les routes qui débouchent des trouées de la forêt d'Argonne, à Vouziers, Grandpré et Ste-Ménéhould. La ligne de fer, elle-même, passe au Pont-aux-Vendanges qui est une quatrième et dangereuse trouée de la même forêt, entre Ste-Ménéhould et Bar-le-Duc. La place de Metz, à laquelle notre tracé est si favorable, est désignée avec Dijon, comme un des points les plus avantageux pour la concentration des grandes armées. Il est à remarquer, enfin, qu'entre Reims et Ste-Ménéhould, notre ligne passe tout près des champs de bataille où la destinée du pays a été deux fois mise en question : l'une en 452, lors de la défaite d'Attila, l'autre en 1792, au combat de Valmy.

Places fortes.

Quant aux places fortes, il est évident que Soissons, Laon, Mézières, Sedan et Verdun, l'emportent beaucoup sur Vitry-le-Français et Toul que touche le tracé de la Marne.

On sait de quelle importance Soissons peut être en cas d'invasion ; et il est inutile de rappeler que, dans la campagne de 1814, lorsque l'Empereur obtint un grand nombre d'avantages partiels, en plaçant alternativement ses champs de bataille sur l'une et l'autre rive de la Marne, Paris aurait pu être sauvé si Soissons eût résisté, pendant quelques jours, à l'ennemi qui débouchait par la vallée de l'Aisne. Soissons ne tint pas ; mais, depuis cette cette époque, d'importants travaux ont été exécutés dans cette place, et on continue de l'améliorer.

Il est d'ailleurs sérieusement question de fortifier Reims, et nous ne pouvons mieux faire ressortir l'importance stratégique de cette ville, qu'en citant un passage du rapport présenté, au nom d'une commission, par l'organe de M. Dufaure, dans la séance de la chambre des députés du 3 mai 1841, au sujet d'un crédit de neuf millions, demandé par le gouvernement pour fortifier Vouziers.

« Nous reconnaissons qu'il peut être sage de placer un obstacle entre les défilés de
» l'Argonne et la capitale ; mais nous sommes disposés à croire qu'il serait plus puis-
» sant et mieux placé en l'établissant à Reims. Le comité des fortifications en 1825 et
» la commission de défense en 1836, ont justement apprécié la position stratégique
» de cette ville. Elle est le centre d'un grand nombre de voies de communication qui
» du nord et de l'est aboutissent à la capitale. Si l'ennemi, maître de Philippeville et
» de Marienbourg, partant du saillant de Chimay, et passant au milieu de la trouée
» que les traités de 1815 ont laissée entre Avesnes et Rocroy, veut se diriger sur
» Paris, il évite à sa droite Laon et Soissons, et vient tomber sur Reims. S'il passe
» la Meuse et traverse l'Argonne entre Verdun et Sedan, c'est encore Reims qu'il
» trouve sur son passage. N'est-ce pas là qu'il faut l'arrêter ? Cela paraît d'autant plus
» nécessaire que cette grande ville, s'il la prenait, pourrait lui fournir d'immenses
» ressources et qu'il la défendrait aisément par des ouvrages faits à la hâte.

« Il nous semble donc que Reims remplirait mieux que Vouziers le but pour lequel

» on voulait ériger cette dernière ville en place de guerre ; nous croyons qu'elle rem-
» placerait en outre les points qu'à différentes époques, on a songé à fortifier entre
» Avesnes et Rocroy. »

Ces conclusions ont été adoptées. Le projet de Vouziers paraît abandonné, et M. le
Ministre de la guerre, se rangeant sans doute à l'avis de la commission, vient de faire
étudier pour Reims un système de fortification.

Verdun mérite particulièrement de fixer l'attention. Cette place autrefois très-
faible, et à l'insuffisance de laquelle sont dus, en g.ande partie, les premiers revers
de la campagne de 1792, est devenue l'une des plus belles de la France. Une citadelle
fermée d'une double enceinte taillée dans le roc ; 17 fronts, tous défendus par des
moyens naturels tirés de la facilité des inondations ou de leur assiette sur le rocher ;
l'excellente disposition des fortifications artificielles ; la position de la place sur les
deux rives de la Meuse, qui la rend maîtresse du cours de cette rivière, et couvre les
trouées principales de l'Argonne ; des établissements militaires considérables ; une ma-
nutention où l'on peut fabriquer 20 à 25,000 rations par jour, et un magasin assez vaste
pour suffire aux besoins d'une armée, en ont fait une place de guerre du premier ordre.

En ce qui concerne la place de Metz, nous citerons les propres paroles de M. le
ministre de la guerre. « J'ai exprimé le vœu, » disait M. le maréchal Soult, dans la
séance de la chambre des députés, du 11 mai 1842, « que la ligne dont il s'agit se rappro-
» chât le plus possible de Metz. Metz est devenu une de nos premières places, un de
» nos boulevards : c'est une des clefs de la France. Metz, depuis la perte de Sarrelouis
» et de Landau, a acquis une importance plus grande encore qu'auparavant. Metz
» est devenu un point stratégique du premier degré. Ainsi, il faudrait qu'à Metz il
» y eût un grand camp retranché pour recueillir toutes les troupes qui viendraient du
» nord, afin d'aller au-devant de l'armée ennemie qui aurait pénétré dans la basse Alsace.
» Plus tard, par la succession des temps, une fois que la chambre aura voté la ligne
» qui lui est demandée, et surtout lorsque cette ligne de Paris à Strasbourg sera faite,
» il est indubitable que le gouvernement demandera qu'il y ait un embranchement sur
» Metz. »

La solution, que nous proposons, répond au vœu exprimé par M. le maréchal. Nous
approchons de Metz autant qu'il est possible de le faire, et nous réduisons de 48,000 à
17,000 mètres, la longueur de cet embranchement si positivement déclaré nécessaire
et indispensable.

Qu'on nous permette, au sujet des intérêts militaires, une dernière observation. Le
chemin de fer, tel que nous le concevons, depuis Creil jusqu'à Strasbourg, reste constamment à portée de la frontière. Il se lie au chemin de l'Alsace, celui-ci à la ligne de

Mulhouse à Dijon par Besançon; celle-ci enfin à la ligne de Dijon à Lyon et Marseille. Il en résulte, depuis Marseille jusqu'à Dunkerque, une communication continue touchant à toutes nos grandes places fortes, commandant toutes nos frontières. Dans la fortification des places, les ingénieurs ont toujours soin d'établir, en arrière des remparts, un chemin propre à relier entre eux les différents postes, et donnant les moyens de se porter rapidement en force sur les points menacés. Ce chemin prend le nom de *Rue militaire*, et son rôle, dans la défense, est considéré comme l'un des plus essentiels. Tel serait, par rapport à nos frontières, la destination du système de chemins de fer que nous venons d'exposer. Ce serait la *Rue militaire de la France*.

§ 3. Sécurité et facilité d'exploitation dues à l'absence des souterrains.

La ligne des vallées de l'Oise et de l'Aisne est tout entière à ciel ouvert, ce qui est un avantage incontestable. Il est difficile, en effet, de prévoir les difficultés d'exploitation, les dangers de l'insalubrité que présenterait un souterrain de 4,120 mètres de longueur, comme celui qu'exigent les autres tracés, pour franchir le faîte de séparation de l'Ornain et de la Meuse. Le moindre accident pourrait y devenir extrêmement grave, ou tout au moins occasionner de longs retards.

Nous n'insisterons pas sur ces observations évidentes par elles-mêmes, et nous passerons à l'importante question des dépenses.

§ 4. Avantages de la ligne projetée, sous le rapport de la dépense.

Nous prendrons pour terme de comparaison, dans l'examen suivant des questions relatives aux dépenses, la ligne projetée par les vallées de la Marne et de l'Ornain. C'est en effet, parmi les combinaisons qu'on nous oppose, celle qui nous semble mériter la plus sérieuse attention. Nous n'avons pas cru devoir nous occuper du tracé par Sézanne, qui pouvait être pris en considération alors que l'expériencne 'avait pas fait connaître encore toute l'importance des parcours partiels, mais dont l'abandon paraît aujourd'hui très-probable, à raison de ce que, sur une grande partie de son trajet, il ne traverse qu'une région improductive et presque déserte.

La ligne de la Marne nécessite l'exécution d'une longueur de chemin de fer de 435 kilomètres *, y compris les embranchements obligés de Reims et de Metz ; de 6 souterrains ayant ensemble 7,633 mètres **, et d'une entrée particulière dans Paris. D'un autre côté, les contours multipliés de la Marne, le voisinage du canal de la Marne au Rhin, et le resserrement de la vallée de la Moselle entre Toul et Frouard, la soumettent à des sujétions continuelles qui n'existent sur aucun point de la ligne des vallées de l'Oise et de l'Aisne.

Economie résultant
de la moindre
longueur de voie
et de l'absence de
souterrains.

Celle-ci ne présente que 382 kil. 40 de chemin à exécuter, y compris les trois embranchements de Châlons, St-Mihiel et Metz, et par conséquent 52 kil. 60 de moins que la vallée de la Marne, en y joignant l'embranchement de Reims ***. Elle n'exige pas de souterrain et pas d'entrée spéciale dans Paris.

Ces indications, toutes sommaires qu'elles sont, permettent, à défaut d'une comparaison complète (comparaison qui ne serait parfaitement exacte que si les projets avaient été dressés par les mêmes ingénieurs), d'admettre provisoirement que la dépense courante par kilomètre serait égale sur les deux lignes, et de compter en excédant, pour la ligne de la Marne, l'entrée séparée dans Paris, les souterrains et 53 kilomètres de chemin de plus à construire. Cette hypothèse n'a assurément rien d'exagéré. Il en résulte, au profit de notre projet, une première différence qu'on peut évaluer, par aperçu, comme il suit :

Une entrée séparée, dans Paris, coûterait 3 millions, si l'on établissait une station spéciale ; mais comme le tracé de la Marne peut, à la rigueur, être prolongé dans l'inté-

* De Paris à Nancy..			346 kil.	
Embranchement de Reims et double raccordement........................			40	
Id. de Metz id.			49	
		TOTAL............	435 kil.	

** Longueur du souterrain d'Armentières............................			671 m.	
Id. id. de Nanteuil..............................			937	
Id. id. de Chézy................................			440	
Id. id. de Bovée................................			4,120	
Id. id. de Pagny-sur-Meuse.....................			390	
Id. id. de Foug................................			1,075	
		TOTAL............	7,633 m.	

*** De Creil à Nancy			339 kil.	80
Embranchements de Châlons et de St-Mihiel...........................			24	80
Id. de Metz et double raccordement.....................			17	80
		TOTAL............	382 kil.	40

rieur de l'enceinte de Paris, jusqu'à la station du chemin du nord, nous ne compterons, pour cet objet, qu'une différence de......................... 1,500,000^f 00^c

7,683 mètres linéaires de souterrain, pour augmentation de dépenses, à 1,200^f 00^c l'un, terme moyen...................... 9,159,600 00

52 ^{kil} 60 de chemin, à 300,000^f 00^c l'un, super-structure et acquisition de terrains comprises.......................... 15,780,000 00

TOTAL........ 26,439,600^f 25^c

soit 26 millions.

Ce n'est pas tout.

Durée des travaux. — La ligne de Reims, qui ne présente aucun ouvrage d'une exécution longue ou difficile, pourrait être facilement établie en quatre campagnes, tandis que la ligne rivale, qui comprend 6 souterrains, dont un très-long, demanderait au moins deux années de plus. Il en résulterait une perte égale au produit de l'exploitation pendant ces deux années, augmentée de l'intérêt, pendant le même temps, de toutes les dépenses précédentes.

Prix des terrains, des matériaux et de la main-d'œuvre. — Les travaux du canal de la Marne au Rhin ont fait hausser, dans une très-forte proportion, le prix du sol sur certains points. Les matériaux et les salaires sont arrivés aussi à un taux exagéré. Tous ces prix sont maintenant établis dans le pays ; il ne faut pas s'attendre à les voir baisser, et l'on peut compter qu'ils s'élèveraient davantage, si l'on devait ajouter les travaux du chemin de fer à ceux du canal. C'est là, encore, une source d'augmentations de dépenses qui n'existe nulle part sur la ligne de Reims.

Résumé des considérations relatives aux dépenses. — Les 26 millions, montant de notre premier calcul, ne sont donc, à nos yeux, qu'une partie des sacrifices qu'imposerait, soit au trésor, soit aux compagnies, le passage du chemin de fer par les vallées de la Marne et de l'Ornain. Or, si l'on veut que la France soit dotée d'un réseau complet de chemins de fer, il est de toute nécessité que le gouvernement prenne en sérieuse considération les questions de dépenses, et accueille avec empressement toutes les économies praticables. Il est de son devoir de ne point affronter gratuitement les difficultés, et les lignes de Paris à la frontière du midi en offriront assez d'inévitables, sans qu'on aille chercher, pour ainsi dire, sur celle de Strasbourg, des embarras auxquels on peut se soustraire par le choix d'une direction convenable.

Variantes du tracé par les vallées de la Marne et de l'Ornain. — Les ingénieurs chargés de l'étude du tracé par les vallées de la Marne et de l'Ornain, ont cherché, dans ces derniers temps, à modifier le projet de manière à le rendre moins dispendieux.

Tracé de Bar-le-Duc à Toul par Cousances-aux-Bois. — D'une part, afin d'éviter le grand souterrain du faîte de Bovée, on a étudié entre Bar-le-Duc et Toul, une ligne plus au nord, qui franchit vers Cousances-aux-Bois, la chaîne de l'Ornain à la Meuse. Nous ignorons les détails de ce nouveau tracé : nous savons, seulement, qu'il alonge le trajet ; qu'on est obligé d'adopter, sur de fort grandes longueurs, des pentes supérieures à la limite, généralement admise, de cinq millimètres par mètre ; qu'enfin on ne parvient pas à se passer entièrement de voie souterraine, et qu'on en réduit seulement l'étendue. Les avantages de cette combinaison nous paraissent, en conséquence, à peu-près compensés par ses inconveniens. D'ailleurs, en admettant des pentes de plus de 5 millièmes, on se place dans des conditions à part qui rendent toute comparaison presque impossible. Si nous avions pris nous-mêmes ce parti, nous aurions pu abréger le trajet, annuler en quelque sorte les tranchées de Heippe et de Creüe, nous placer partout à fleur de sol et réduire notablement les dépenses.

D'une autre part, on a proposé de quitter la vallée de la Marne vers St-Gibrien, un peu au-dessous de Châlons, de passer au nord de cette ville, de remonter le vallon de Ste-Memmie jusque vers Somme-Vesle, et, enfin, d'emprunter à la suite notre ligne, depuis St-Mard-sur-Auve jusqu'à Nancy.

Tracé mixte par la vallée de la Marne et Ste.Ménéhould.

Ce tracé mixte ne présente pas de grands avantages sous le rapport de l'économie, puisqu'il laisse subsister les difficultés de la vallée de la Marne, et la nécessité d'une entrée spéciale dans Paris ; que, d'ailleurs, il exige encore avec l'embranchement de Reims, l'exécution de 37 kilomètres de chemin de fer de plus que la ligne passant par les vallées de l'Oise et de l'Aisne, y compris les embranchements de Châlons, de St-Mihiel et de Metz *.

Il n'est pas, non plus, favorable aux intérêts industriels, puisqu'il délaisse tous les centres importants de fabrication, non-seulement Reims, mais encore Bar-le-Duc.

En un mot, il nous semble que c'est là une de ces combinaisons équivoques où l'on retrouve, sans compensation suffisante, la majeure partie des défauts des systèmes qu'on a cherché à concilier.

---

* De Paris à Nancy, suivant le tracé mixte.....................	357 kil. 00	
Embranchement de Reims et double raccordement..............	40 00	419 kil. 80
id. de Châlons........ .*id.*.....................	5 00	
id. deMetz, à partir d'Arnaville, et double raccordem¹	17 80	
Longueur du chemin passant par Reims, de Creil à Nancy.......	339 80	382 40
Embranchements de Châlons, de St-Mihiel et de Metz, et raccordem¹²	42 60	
DIFFÉRENCE..............	37 kil. 40	

§ 5. Distances à parcourir et durée du trajet, sur les principales communications que le chemin de fer est appelé à ouvrir.

Il nous reste à discuter la seule objection sérieuse qu'on puisse nous opposer, celle de la longueur du trajet.

Comparaison du tracé par Reims avec celui de la Marne.

Nous prendrons encore la ligne des vallées de la Marne et de l'Ornain pour terme de comparaison, par les motifs exposés au commencement du paragraphe précédent.

Nous avons mis en regard dans le tableau ci-après, les longueurs des trajets à parcourir, soit par la vallée de la Marne, soit par la ligne de Reims, suivant les directions principales que le cheminde fer de Paris à la frontière de l'est est naturellement appelé à desservir.

DÉSIGNATION des DIRECTIONS.	LONGUEURS DU PARCOURS par les vallées				DIFFÉRENCE à l'avantage du tracé	
	DE LA MARNE ET DE L'ORNAIN.		DE L'OISE ET DE L'AISNE.		de la MARNE.	de REIMS.
1° De Dunkerque, Calais, Lille, Amiens, etc., à la frontière d'Allemagne, par Metz.	De Creil à Paris. . . .	67ᵏⁱˡ· 00	De Creil à Arnaville. . .	301ᵏⁱˡ· 50		
	Contour de Paris. . . .	1 00	D'Arnaville à Metz. . . .	17 00		
	De Paris à Frouard. . . .	359 00				
	De Frouard à Metz. . . .	48 00				
	Total. . . .	455ᵏⁱˡ· 00	Total. . . .	318ᵏⁱˡ· 50	»	13 6ᵏⁱˡ· 50
2° De Dunkerque, Calais, Lille, Amiens, etc., à la frontière d'Allemagne, par Nancy et Strasbourg.	De Creil à Paris. . . .	67ᵏⁱˡ· 00	De Creil à Arnaville. . .	301ᵏⁱˡ· 50		
	Contour de Paris. . . .	1 00	D'Arnaville à Nancy. . .	38 50		
	De Paris à Nancy.	346 00				
		414ᵏⁱˡ· 00		340ᵏⁱˡ· 00	»	74ᵏⁱˡ· 00
3° De Rouen, le Hâvre à la frontière d'Allemagne, par Metz.	De Poissy à Paris. . . .	25ᵏⁱˡ· 50	De Poissy à Pontoise. . .	13ᵏⁱˡ· 00		
	Contour de Paris. . . .	3 50	De Pontoise à Creil. . . .	40 00		
	De Paris à Metz. . . .	387 00	De Creil à Metz. . . .	318 50		
		416ᵏⁱˡ· 00		373ᵏⁱˡ· 50	»	42ᵏⁱˡ· 50
4° De Rouen, le Hâvre à la frontière d'Allemagne, par Nancy et Strasbourg.	De Poissy à Paris. . . .	25ᵏⁱˡ· 50	De Poissy à Creil. . . .	55ᵏⁱˡ· 00		
	Contour de Paris. . . .	3 50	De Creil à Nancy. . . .	340 00		
	De Paris à Nancy. . . .	346 00				
		375ᵏⁱˡ· 00		395ᵏⁱˡ· 00	20ᵏⁱˡ· 00	»
5° De Paris à Metz et à la frontière d'Allemagne, par Metz.	De Paris à Frouard. . . .	339ᵏⁱˡ· 00	De Paris à Creil.	67ᵏⁱˡ· 00		
	De Fronard à Metz. . . .	48 00	De Creil à Metz. . . .	318 50		
		387ᵏⁱˡ· 00		385ᵏⁱˡ· 50	«	1ᵏⁱˡ· 50
6° De Paris à Strasbourg et à la frontière d'Allemagne, par Strasbourg.	De Paris à Châlons. . .	170ᵏⁱˡ· 00	De Paris à Creil. . . .	67ᵏⁱˡ· 00		
	De Châlons à Nancy. . .	176 00	De Creil à Nancy. . . .	340 00		
		346ᵏⁱˡ· 00		407ᵏⁱˡ· 00	61ᵏⁱˡ· 00	»

Ce tableau met en évidence les faits suivants :

La ligne de Reims est de beaucoup la plus courte pour se rendre de Dunkerque, Calais, Lille, Amiens, etc., à la frontière d'Allemagne, soit par Strasbourg, soit par Metz, mais surtout par Metz.

La ligne de Reims n'alonge notablement le trajet que sur une seule direction.

Elle conserve la prééminence pour aller du Hâvre à la frontière d'Allemagne, par Metz.

Les deux tracés sont d'une égale longueur entre Paris et Metz, et ils ne diffèrent que d'une faible quantité à l'avantage de celui de la Marne, sur la ligne du Hâvre à Strasbourg.

Enfin, le tracé de la Marne n'offre d'avantage marqué que pour une seule et unique direction, celle de Paris à la frontière d'Allemagne, par Strasbourg. La différence est de 61 kilomètres.

Objection tirée de ce que la ligne de Reims augmente de 61 kilomètres le trajet de Paris à Strasbourg. Circonstances qui en atténuent la force.

Il est vrai que cette dernière communication est la plus importante de toutes. Elle représente, dans la question de la longueur du parcours, non-seulement les relations de Paris, mais encore celles de l'ouest de la France, Nantes, Bordeaux, etc., avec l'Alsace. L'inconvénient d'augmenter le trajet dans cette direction est grave, sans doute, mais l'objection qu'on peut en tirer contre le projet, doit néanmoins être réduite à sa juste valeur, par les considérations suivantes.

Importance des communications entre Dunkerque, Calais, Lille, Amiens, et la frontière d'Allemagne.

La ligne de Dunkerque, Calais, Lille, Amiens, à la frontière d'Allemagne, soit par Strasbourg, soit par Metz, pour laquelle le tracé de Reims diminue la longueur du parcours dans une si forte proposition, est aussi une communication de premier ordre, qui le cède à peine à la ligne de Paris à Strasbourg. Elle est incontestablement destinée à devenir l'une des plus importantes de la France. D'un côté, les relations réciproques des grandes villes dont elle est semée; les mouvements des garnisons de nos places fortes principales; ceux des populations ouvrières de Roubaix, Turcoing, Lille, Amiens, Reims, Mulhouse; le transport intérieur des marchandises depuis Dunkerque, jusqu'à l'Alsace; d'un autre côté, le transit des marchandises et des voyageurs entre l'Angleterre et l'Allemagne méridionale, lui assurent une fréquentation extraordinaire.

Durée du trajet entre Paris et Strasbourg.

L'augmentation de parcours de 61 kilomètres entre Paris et Strasbourg, représente un retard de deux heures, en supposant toutes les circonstances égales. Mais, comme on rencontrerait, sur la ligne de la Marne, les embarras inhérents au passage de six souterrains qui n'existent pas sur celle de Reims, on peut compter que la différence dans la durée du trajet, serait en réalité beaucoup moindre.

Nécessité d'un service de nuit, quelle que soit la ligne adoptée.

Nous ne contesterions pas la force de l'objection tirée d'une différence d'une heure et demie à deux heures dans la durée du trajet, si les conditions principales de l'exploitation devaient en ressentir l'influence; si, par exemple, au lieu d'un service exclusivement de jour, il devenait nécessaire d'organiser un service de nuit. Mais il n'en est rien. La distance de Paris à Strasbourg, par la vallée de la Marne, est de

510 kilomètres *, ce qui suppose, à raison de 30 kilomètres par heure, plus de 17 heures pour la durée du trajet. Il faudra donc organiser, à l'une ou à chacune des extrémités de la ligne, un service de nuit pendant onze mois de l'année. En passant par Reims, la durée du trajet sera de 18 heures 1/2 au lieu de 17. Au lieu de durer onze mois, le service de nuit se continuera pendant toute l'année. La différence est-elle assez importante pour qu'on doive s'en préoccuper sérieusement?

Il en est de même pour ce qui concerne Nancy. Cette ville est, par le tracé de la Marne, à 346 kilomètres de Paris. Le voyage durera conséquemment de 11 à 12 heures, ce qui suppose un service de nuit depuis le milieu d'octobre jusqu'au commencement de mars. Le passage par Reims n'aurait pas d'autre conséquence que de faire commencer trois semaines plutôt, et de faire continuer trois semaines plus tard, ce service nocturne.

Réduite à ces termes, l'objection tirée de l'augmentation du trajet dans la seule direction de Paris à Strasbourg, est-elle de nature à contre-balancer les avantages que la ligne des vallées de l'Oise et de l'Aisne présente sous tous les autres rapports? Nous ne le pensons pas, et nous espérons que notre conviction sera partagée.

Conclusion.

Fait par les Ingénieurs en chef des Ponts et Chaussées, soussignés.

Le 31 mai 1843.

PAYEN. THIRION.

* De Paris à Nancy, par la vallée de la Marne......	346 kil.	00
De Nancy à la limite du département de la Meurthe, par Lunéville..........	112	00
De cette limite à la station de Strasbourg.............................	52	00
TOTAL........	510 kil.	00

NOTE.

Ce mémoire était rédigé lorsque nous avons eu connaissance, par une brochure publiée au mois d'avril dernier, d'une combinaison nouvelle ayant pour objet de faire passer la ligne de Paris à Lyon par Provins et Troyes, et de rendre la partie de Paris à Troyes commune au chemin de Strasbourg. Cette combinaison peut offrir des avantages pour quel-

Le tracé par Troyes est inadmissible au point de vue des intérêts généraux.

ques-unes des villes de l'est, auxquelles on ouvrirait tout-à-la fois la route de Paris et celle du midi. Mais, au point de vue des intérêts généraux, il nous semble bien préférable de créer deux lignes séparées; l'une, s'embranchant à Creil sur le chemin du nord, passant à Compiègne, Soissons et Reims, jetant un embranchement sur Châlons et approchant de Metz autant que possible; l'autre, se soudant à Corbeil sur la ligne d'Orléans, remontant la vallée de la Seine jusqu'à Montereau, celle l'Yonne jusqu'à Sens, gagnant Troyes par la vallée de la Vanne, et se dirigeant ensuite sur Dijon par la vallée de la Haute-Seine. Il suffit de porter les yeux sur une carte, pour reconnaître que cette double direction divise en trois secteurs à peu-près égaux, l'espace compris entre le chemin de fer de Paris au Nord et celui de Paris à Vierzon, et qu'elle ne laisse entièrement à l'écart aucune ville importante. La ligne de Troyes, avec embranchement sur Strasbourg, sacrifie, au contraire, de la manière la plus absolue, St-Quentin, Reims, Sedan, Auxerre, le vignoble entier de la Champagne et la majeure partie de celui de la Bourgogne.

Examen de ce tracé:
1° Sous le rapport de la longueur des trajets.

Sous le rapport de la longueur des trajets vers l'est, il n'y a pas, entre les deux systèmes, de différence notable. Les longueurs exactes des diverses parties du tracé par Troyes nous sont inconnues; mais, en prenant des mesures approximatives sur les cartes, on reconnaît que, si ce tracé est plus court de 30 à 35 kilomètres pour se rendre de Paris à la frontière d'Allemagne par Strasbourg, il doit être de 30 kilomètres plus long, pour aller de Paris à la même frontière par Metz, et qu'il y a en conséquence à peu-près compensation.

2° Sous le rapport des dépenses.

Quant à l'économie, que les défenseurs du projet nouveau n'évaluent pas à moins de 65 millions, nous croyons être bien fondés à affirmer d'avance qu'elle serait, en dernière analyse, ou nulle ou extrêmement faible. Le tracé de Paris à Strasbourg, par Troyes, emprunterait, il est vrai, 160 kilomètres au chemin de Lyon; mais celui des vallées de l'Oise et de l'Aisne emprunte aussi 67 kilomètres à la ligne de Paris au nord, et 31 kilomètres à l'embranchement obligé de Frouard à Metz, en tout 98 kilomètres. La différence des parties communes utilisées à l'avantage de la ligne de Troyes, n'est donc, en définitive, que d'une soixantaine de kilomètres. En revanche, la ligne des vallées de l'Oise et de l'Aisne n'a pas un seul souterrain, pas un grand viaduc, et elle évite le contact des travaux du canal de la Marne au Rhin, circonstances qui, lors de l'exécution, réduiraient sans doute à très-peu de chose, l'excédant de dépense résultant d'un peu plus de longueur de voie à exécuter.

P. T.

REIMS. — IMPRIMERIE DE REGNIER, RUE DE L'ARBALÈTE, 21.

www.ingramcontent.com/pod-product-compliance
Lightning Source LLC
Chambersburg PA
CBHW070816210326
41520CB00011B/1982